LolliPop

Sprachbuch 3

Herausgegeben von

Gisela Dorst

Erarbeitet von

Christine Berthold
Gisela Dorst
Erika Götz
Hartmut Kulick
Britta Sauerwein
und der Cornelsen Redaktion Primarstufe

Unter Beratung von

Beatrice Baier, Hildesheim
Beate Beckers, Donaueschingen
Ann-Christin Fischer, Marburg
Gudrun Hütten, Kleve
Judith Petereit, Bietigheim-Bissingen
Catrin Puschmann, Visselhövede
Bärbel Rieger, Mönchweiler
Barbara Riese, Heidelberg
Marlies Scherpe, Detmold
Ingrid Wiemann, Frankfurt

Cornelsen

Inhalt

 Schreibaufgabe

 Gesprächskreis

 Partner- oder Gruppenarbeit

 Lolli-Aufgabe

 Pop-Aufgabe

 Detektivaufgabe

 Lerntagebuch

 Wörter nachschlagen

 Abschreiben

 Partnerdiktat

 Dosendiktat

 Schleichdiktat

Zusammen leben

Das 2. Schuljahr haben wir schon hinter uns.
Wir gehen jetzt in die 3. Klasse.
Aber zwei Kinder sind nicht mehr dabei.
Sie wohnen jetzt in einer anderen Stadt.
Dafür haben wir drei „Neue“.
Findet ihr heraus, wer fehlt und wer neu ist?

angeregt durch Beispieltexte sich selbst in Bild und Text vorstellen; Texte präsentieren; Kinder aus der Klasse beschreiben, Texte vorlesen, Namen erraten

Wir sind in Klasse 3

Das bin ich!
Ich heiße Luise.
In meiner Freizeit lese ich gern, am tollsten fand ich Miss Wiss.
Im letzten Schuljahr war ich die Kleinste in der Klasse. Aber in den Ferien bin ich 5 Zentimeter gewachsen!
In der Schule mag ich am liebsten Mathe.
Wenn ich einmal groß bin, will ich Lehrerin werden, wie Miss Wiss.

Das bin ich!
Ich heiße Amad. Ich komme aus Nigeria. Mein bester Freund ist Lukas. Er hilft mir bei den Hausaufgaben. In meiner Freizeit spiele ich Fußball. Ich möchte einmal Profifußballer werden.

Das bin ich!
Name: Oliver
Hobby: Rennrad fahren
An der Schule mag ich, wenn wir Versuche machen oder wenn wir was bauen. In Deutsch will ich in diesem Schuljahr besser werden. Das kann ich schaffen, wenn ich mich noch mehr anstrenge.

1 Lies, wie die Kinder sich vorstellen.
Was ist den Kindern wichtig?

2 Stelle dich vor.
Überlege, was dir dabei wichtig ist. Schreibe und gestalte deinen Text.

3 Hängt eure Texte in der Klasse auf.
Jedes Kind darf seinen Text vorlesen.
Die anderen Kinder hören zu und stellen Fragen.

Was ist an Miss Wiss so besonders?

...

Willst du mal zum Fußball-Training mitkommen?

Das bist du!

4 Beschreibe ein Kind
aus deiner Klasse,
das du besonders magst.

5 Lest euch eure Beschreibungen
gegenseitig vor.
Ratet, welches Kind gemeint ist.

Das bist du!
Du bist meistens fröhlich, aber manchmal auch albern. Du magst gerne Pellkartoffeln. Du hast einen schönen Garten mit leckeren Beeren. Im Winter machen wir riesige Schneekugeln. Einmal haben wir einer kleinen Nacktschnecke über den Weg geholfen. In der Schule arbeiten wir manchmal zusammen. Du heißt ...

Meine Meinung – deine Meinung

1 Was hat dir in der 2. Klasse gut gefallen, was nicht?
Was wünschst du dir für das neue Schuljahr?
Schreibe deine Meinung oder deinen Wunsch auf.

Mir hat gut gefallen | Mir hat nicht gefallen | !!! Ich wünsche mir

2 Sammelt eure Beiträge. Stellt sie vor und begründet sie.

3 Besprecht eure Vorschläge für das 3. Schuljahr.

Ich bin dafür, weil ...

Ich bin nicht dafür, weil ...

Mir gefällt der Vorschlag, weil ...

Mir gefällt der Vorschlag nicht, weil ...

Achtung: Es gibt Gesprächsregeln!

Wer etwas sagen will ... | Wer etwas fragen will ... | Wer an der Reihe ist ...

Wer zuletzt an der Reihe war ... | Wer nicht an der Reihe ist ...

4 Stimmt ab und entscheidet, welche Wünsche und Ideen für euch wichtig sind.

Ohne Regeln geht es nicht

Sami ist erst vor acht Wochen in die Klasse gekommen. Er spricht noch nicht gut Deutsch. Einige Kinder lachen manchmal über ihn. Gestern haben Ole und Benni in der Pause Sami nicht an die Kletterwand gelassen und ihn ganz gemein beschimpft. Sami ist ganz traurig weggegangen und hat den Rest der Pause allein verbracht. Aber er traut sich nicht, darüber im Klassenrat zu sprechen.

1 Sprecht über Samis Situation.

2 Spielt die Geschichte in drei Szenen nach. Überlegt, wie viele Personen mitspielen, was sie sagen und wie sie sich dabei fühlen.

Szene 1	Szene 2	Szene 3
Der Streit an der Kletterwand	Sami erzählt Max und Lia von dem Streit	Max und Lia sprechen mit Ole und Benni

Oder:
Denkt euch selbst aus, wie die Geschichte nach dem Streit an der Kletterwand weitergeht.

3 Jede Gruppe schreibt den Text zu ihren Szenen auf.
Schreibt den Namen der Person auf und das, was sie sagt.

Szene 2
Lia: Sami, was hast du denn?
Warum bist du so traurig?
Sami: Die lassen mich nicht klettern.
Max: Wer denn?
...

4 Was gefällt dir an den Pausen in der Schule? Was gefällt dir nicht?

5 Wenn euch etwas nicht gefällt: Wie könnt ihr es für eure Klasse ändern?

Der Klassenrat
Ein Klassenrat besteht aus den Kindern und der Lehrerin einer Klasse. Seine Aufgabe ist es, sich um die Angelegenheiten der Klasse zu kümmern. Hier können gemeinsame Wünsche besprochen werden. Wenn es zu Streit kommt, kann der Klassenrat versuchen, für Frieden zu sorgen. Bevor ein Klassenrat zusammenkommt, werden die Punkte gesammelt, die besprochen werden sollen. Die Ergebnisse werden in einem Protokoll festgehalten.

1 Damit euer Klassenrat funktioniert, müsst ihr überlegen:

* Wie oft soll der Klassenrat zusammenkommen?
* Wie werden die Punkte gesammelt, die besprochen werden sollen?
* Wer übernimmt die Gesprächsführung?
* Wer übernimmt das Protokoll?
* Welche Gesprächsregeln gelten?
* Was geschieht, wenn Kinder anderer Klassen an einem Problem beteiligt sind?

2 Schreibt auf einem Plakat auf, wie euer Klassenrat arbeiten soll.

Die Kinder in Samis Klasse wollen den Streit zwischen Sami, Ole und Benni im Klassenrat besprechen. Vorher haben sie ihre Meinungen aufgeschrieben.

Ole und Benni sind gemein. Die wissen doch, dass Sami noch nicht so gut Deutsch kann. Wie soll er sich da wehren? Die sollten mal überlegen, wie es ihnen ginge, wenn sie an Samis Stelle wären.
Yasmin

Ich finde das ziemlich ungerecht. Die sind zu zweit, Sami ist allein. Die sind doch zu zweit viel stärker. Da kann Sami allein ja nichts machen.
Tugay

Ich finde, dass Ole und Benni sagen sollten, warum sie das gemacht haben. Vielleicht haben sie ja einfach nicht nachgedacht und es tut ihnen jetzt leid. Am besten wäre, sie würden sich eine Woche um Sami kümmern.
Jannik

3 Schreibe deine Meinung zu dem Streit auf.
Lest euch eure Meinungen vor und sprecht darüber.
Oder:
Spielt eine Klassenratsitzung mit Benni und Ole.
Besprecht, ob die beiden bestraft werden sollen.
Überlegt euch eine Begründung.

4 Welche Regeln gelten bei euch?
Regeln, die bei uns gelten

Einen Spielnachmittag mit der Klasse planen

SPIELE AUS ANDEREN LÄNDERN

Gusnaw Paleiban (Indonesien)

Es gibt Sänger und Tänzer.
Die Sänger singen gemeinsam ein Lied.
Die Tänzer umtanzen die Sänger.
Ein Tänzer ruft: „Stopp!“
Alle bleiben versteinert stehen.

ein Kind steht am Baum und hält sich die Augen zu dabei zählt es laut bis 20 und ruft dann den Vers die anderen Kinder verstecken sich in der Zeit jetzt sucht das Kind die versteckten Kinder wenn es eines entdeckt, läuft es schnell zum Baum zurück und ruft laut den Namen die versteckten Kinder können sich am Baum frei schlagen, bevor sie entdeckt werden

1 Welche Spiele werden hier vorgestellt?
Erklärt euch gegenseitig den Ablauf und die Regeln der Spiele.

2 Schreibe die Anleitung für „Verstecken mit Abschlagen“ richtig ab.
Denke daran: Am Satzanfang schreibt man groß. Am Satzende steht ein Punkt.
Verstecken mit Abschlagen
Oder:
Schreibe die Anleitung zum Topfschlagen auf.
Topf schlagen

3 Welche Spiele kennt ihr?
Stellt sie euch gegenseitig vor und probiert sie aus.

Unsere Spieleliste
- *Name - Tier - Ding*
- *...*

Den Spielnachmittag vorbereiten

Die Jungen stellen die Tische und Stühle um. Die Mädchen räumen die Ecken im Klassenraum auf. Alle Kinder bringen Knabberzeug und Getränke mit. Moritz besorgt für „Topfschlagen" einen Topf und einen Holzlöffel oder einen Stock. Das Kopftuch für „Blinde Kuh" bringt Luzie mit. Erwin und Jasmin suchen ein fröhliches Lied für „Gusnaw Paleiban" aus. Frau Sauerwein bereitet die Spielpläne für Name – Tier – Ding vor.

1 Lies den Text. Wer tut was?

2 Schreibe mit Hilfe des Textes den Aufgabenplan für den Spielnachmittag auf.

Aufgabenplan für den Spielnachmittag

Wer ist verantwortlich?	*Was ist zu tun?*
die Jungen	*Tische und Stühle umstellen*
die Mädchen	...
...	...

3 Suche in dem Text von Aufgabe 1 die Nomen heraus. Schreibe zehn Nomen in der Einzahl und Mehrzahl mit passendem Artikel auf.
der Junge – die Jungen, ...

4 Bei einigen Nomen werden aus den Selbstlauten in der Mehrzahl die Umlaute **ä**, **ö**, **ü** und **äu**. Schreibe diese Nomen auf und übermale die Umlaute.
der Stuhl – die Stühle, ...

Nomen bezeichnen Menschen, Tiere, Pflanzen und Dinge. Sie werden immer großgeschrieben.
Nomen haben die **Artikel der, die, das, ein, eine.**
Nomen können in der **Einzahl** und in der **Mehrzahl** stehen:
der **Stuhl** – die **Stühle**,
die **Klasse** – die **Klassen**,
das **Mädchen** – die **Mädchen**.

Zusammen lernen – zusammen spielen

Die Klasse 3 plant ein Fest. Die Kinder sammeln zuerst ihre Wünsche. Ayce schlägt ein lustiges Spiel aus ihrem Land vor. Lene und Luzie wollen tanzen, das gefällt aber nicht allen. Erwin und Jasmin möchten etwas im Kreis spielen. Die Kinder wählen aus, dann schreibt Moritz das Programm auf buntes Papier. Es soll eine fröhliche Feier ohne Streit werden.

das Fest
das Land
der Kreis
das Programm
planen
sammeln
schlagen
tanzen
es gefällt
wählen
fröhlich
zuerst

So geht's!

- Was fällt mir zur Überschrift ein?
- Ich lese den Text genau. Kann ich mir alles vorstellen?
- Welches Wort kenne ich nicht?
- Ich lese den Text halblaut vor.
- Ich stelle Fragen zum Text.

1 Das sind meine Fragen zum Text:

Was schlägt Ayce vor?

Was gefällt nicht allen Kindern?

Wer schreibt das Programm?

2 Findest du noch andere Fragen zum Text?

So geht's!

Ich lese Satz für Satz, schaue in die Wörter und suche die Stolperstellen.

Was weiß ich schon von den Wörtern?
Achtung:
Wir können uns auf das Ohr nicht verlassen!

Was ist für mich schwierig? Worüber muss ich nachdenken?

Ich markiere die schwierige Stelle farbig und begründe sie.

Ich unterstreiche die Übungswörter.

schlägt vor – vorschlagen
trägt – tragen
fragt – fragen

Zusammen lernen – zusammen spielen

Die Klasse 3 plant ein Fest. Die Kinder sammeln zuerst ihre Wünsche. Ayce schlägt ein lustiges Spiel aus ihrem Land vor. Lene und Luzie wollen tanzen, das gefällt aber nicht allen. Erwin und Jasmin möchten etwas im Kreis spielen. Die Kinder wählen aus, dann schreibt Moritz das Programm auf buntes Papier. Es soll eine fröhliche Feier ohne Streit werden.

das Fest
das Land
der Kreis
das Programm
planen
sammeln
schlagen
tanzen
es gefällt
wählen
fröhlich
zuerst

schlägt vor – vorschlagen
trägt – tragen
fragt – fragen

Zusammen lernen – zusammen spielen

Die Klasse 3 plant ein Fest. Die Kinder sammeln zuerst ihre Wünsche. Ayce schlägt ein lustiges Spiel aus ihrem Land vor. Lene und Luzie wollen tanzen, das gefällt aber nicht allen. Erwin und Jasmin möchten etwas im Kreis spielen. Die Kinder wählen aus, dann schreibt Moritz das Programm auf buntes Papier. Es soll eine fröhliche Feier ohne Streit werden.

das Fest
das Land
der Kreis
das Programm
planen
sammeln
schlagen
tanzen
es gefällt
wählen
fröhlich
zuerst

1 Schreibe den Text ab.

So geht's!

- Lies zuerst den ganzen Satz.
- Denke nach, ob du alles verstanden hast.
- Schau dir genau das Wort oder die Wörter an.
- Schreibe richtig ab. Achte auf die Schreibhaltung.
- Kontrolliere Wort für Wort und korrigiere.

2 Markiere die Stolperstellen in deinem Text.

3 Unterstreiche die Übungswörter, wie es Lolli dir gezeigt hat.

1 Die Lösungswörter der Geheimschrift stehen bei den Übungswörtern.
1 der Kreis, ...

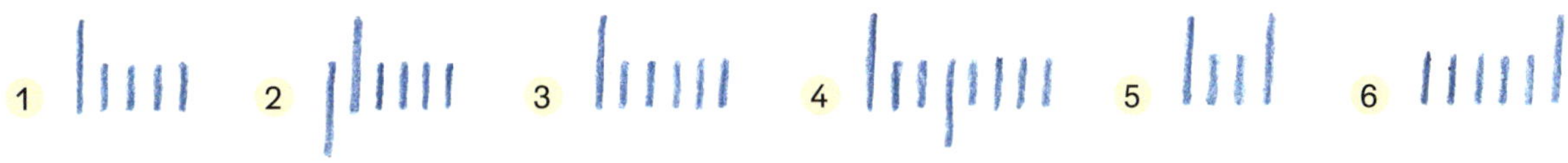

2 Bilde Wörter mit **amm** und schreibe sie auf.
der Schwamm, ...

Schw K Schl D St s st
L J H Kl Gr S j

amm

ern eln
er ler

3 Suche verwandte Wörter. Markiere **a–ä**, **o–ö**, **u–ü**.
das Jahr – jährlich, ...

Jahr verrät gefallen Wahl Wörter Stuhl Wünsche Gruß
jährlich schlägt gefällt schlagen lang fröhlich Wunsch
Wort froh wählen grüßen verraten Stühle länger

4 Wer sammelt was? Bilde Sätze.

Lene und Luzie		Spiele für den Spielnachmittag.
Ich	sammle	Wünsche für das neue Schuljahr.
Moritz	sammelt	bunte Blumen auf der Wiese.
Wir	sammeln	Müll auf dem Schulhof.
Du	sammelst	schöne Steine am Fluss.
		...

5 Schreibe den Text ab. Denke daran:
Am Satzanfang und die Nomen musst du großschreiben.

lisa und paul schlagen ein neues spiel vor, es heißt name – tier – ding. sie streiten sich, wer die regeln erklären darf. die lehrerin möchte nicht, dass sie streiten. jeder darf eine regel sagen. den kindern gefällt das spiel, sie wollen es gleich in der pause spielen. wer die meisten punkte bekommt, hat gewonnen.

6 Schreibe die Nomen aus dem Text in der Einzahl und in der Mehrzahl mit passendem Artikel auf: *das Spiel – die Spiele, ...*

Das habe ich in dem Kapitel gemacht:
- *das Rätsel auf Seite 5 gelöst*
- *einen Text über mich geschrieben*
- *einen Text über ein anderes Kind geschrieben*
- *meine Wünsche für das neue Schuljahr vorgestellt*
- *eine Szene aufgeschrieben und vorgespielt*
- *an einer Klassenratsitzung teilgenommen*
- *einen Spielnachmittag mit vorbereitet*
- *...*

1 Schreibe mindestens drei Dinge auf, die du gemacht hast. Schreibe dazu, wie sie dir gefallen haben. Begründe deine Antwort.
Ich habe einen Text über meine Freundin geschrieben. Das hat mir gut gefallen, weil ...

Ein besonderer Tag

Als Frau Sauerwein den Raum betrat, rannte jedes Kind zu seinem Platz. Sie ging zur Tafel und hängte die Karte „Stuhlkreis“ an. Die Kinder kamen mit ihren Stühlen nach vorne. Als alle im Kreis saßen, legte Frau Sauerwein ihren Zeigefinger auf den Mund. Schnell wurde es still. Sie lächelte Lisa an und sagte: „So, Lisa, nun setz dich in die Mitte!“ Alle wussten, was jetzt geschah, denn heute war für Lisa ein besonderer Tag. Einige Kinder hoben die Hand und meldeten sich, um anzufangen. Andere dachten angestrengt nach. Den Anfang machte Lukas. ...

2 Welches Ereignis wird in dem Text beschrieben? Suche im Kapitel die Stelle, zu der der Text gehört. Wie könnte er weitergehen?

3 Schreibe die Nomen in der Einzahl und in der Mehrzahl auf. Schreibe die passenden Artikel dazu. Kennzeichne, was sich in der Mehrzahl verändert.

4 Das weiß ich von Nomen: *Nomen werden immer ...geschrieben. Sie ...*

Wasser, Wind und Wärme

Hast du schon einmal gesehen, wie Buchstaben vom Himmel stürzen?
Eigentlich geschieht das nur ganz selten.
Aber manchmal purzeln und wirbeln sie tatsächlich wie Flocken herab.
Oder sie fallen geordnet wie Zugvögel.
Wofür haben sie sich hier entschieden?

Mit dem Wetter kann man was erleben

1 Dieses Bild erzählt Geschichten. Entdecke sie.

Svenja hat sich in das Bild hineingeträumt.
Sie hat alle Wörter, die ihr dabei eingefallen sind, aufgeschrieben.

Picknick Drachen Baum Bruder
Gewitter
Familie See
zerrissen
fahren Weg
Kuchen Sonne

2 Erklärt, wie Svenja ihre Wörtersammlung aufgeschrieben hat.

3 Welche Wörter fallen dir zu dem Bild ein?
Ergänze Svenjas Wörtersammlung.

4 Schreibe Svenjas Geschichte ab.
Unterstreiche die Wörter, die Svenja aus ihrer Wörtersammlung verwendet hat.
Oder:
Schreibe mit deiner Wörtersammlung eine eigene Geschichte zu dem Bild.

Am Samstag sind Mama, Papa, mein Bruder Jan und ich mit den Fahrrädern zu einem See gefahren. Jan und ich haben dort unseren Drachen steigen lassen. Plötzlich kam ein Gewitter. Wir wollten den Drachen einziehen, aber er blieb in einem Baum hängen. Dabei ist unser schöner Drachen ganz zerrissen.

Svenja

Geschichten vom Wetter

1 Wähle ein Bild aus. Träume dich hinein. Schreibe eine Wörtersammlung zu dem Bild auf.
Oder:
Erinnere dich an ein besonderes Erlebnis, das du mit dem Wetter hattest.
Lege eine Wörtersammlung an.

2 Schreibe deine Geschichte auf. Verwende dabei möglichst viele Wörter aus deiner Wörtersammlung.

3 Lest euch eure Texte gegenseitig vor. Sprecht über Wörter und Sätze, die euch gefallen haben.

So geht's!

Wörter sammeln

1. Stelle dir deine Gedanken zu einem Bild oder einem Erlebnis genau vor.
2. Schreibe alle Wörter auf, die dir dabei einfallen. Du kannst verschiedene Farben benutzen.
3. Überlege, welche Wörter aus deiner Wörtersammlung du für die Geschichte gebrauchen könntest.
4. Schreibe deine Geschichte.

Wind ist aus Luft

Wind: Wind ist bewegte Luft. Die Sonne erwärmt an einer Stelle die Luft. Dadurch dehnt sie sich aus. Sie wird leichter und steigt nach oben. In den Raum, der frei geworden ist, strömt von der Seite kühlere Luft. Diese Luftbewegung heißt Wind. Die Geschwindigkeit des Windes wird in ➜ Windstärken angegeben. Einen Wind bezeichnet man nach der ➜ Himmelsrichtung, aus der er weht. Ein Nordwind weht also aus Norden. Die Kraft des Windes kann nützlich oder zerstörerisch sein.

1 Lies den Lexikontext über den Wind.
Kennst du alle Wörter?
Warum stehen vor zwei Wörtern Pfeile?

2 Stellt euch gegenseitig Fragen zum Text.
Erklärt euch dabei auch Begriffe wie Windstärke und Himmelsrichtung.

3 Fasse mit deinen eigenen Worten zusammen, was du über den Wind weißt.

Der … Wind vertreibt die Kälte.
Im heißen Sommer erfrischt ein … Lüftchen.
Der … Lufthauch bewegt ganz sacht die Blätter.
In der Nacht rütteln … Windstöße an den Bäumen.
Von Westen braust ein … Sturm heran.
Über das Meer fegt ein … Orkan.
Der … Wind bringt den ersten Schnee.

leicht *heftig* *kalt* *gewaltig* *warm* *kühl* *kräftig*

4 Setze die Adjektive ein. Schreibe die vollständigen Sätze ab. Es gibt mehrere Möglichkeiten.

Adjektive beschreiben, wie etwas oder jemand ist.
Adjektive verändern sich, wenn sie vor Nomen stehen.
Der Wind weht **leicht**. Es weht ein **leichter** Wind.

1 Wind kann viele Namen haben.
Suche im Bild die Namen der Windarten und schreibe sie auf.

2 Erklärt die Windarten. Informationen dazu findet ihr im Lexikon und im Internet.

www.blinde-kuh.de | www.geolino.de | www.wasistwas.de

3 In welchem Land heißt ein Wind „Willy-Willy"?

Wie nennen die Menschen in Amerika manche Stürme?

Hunrakan war ein Riese, der die Stürme machte. Wenn seine Nase kitzelte, dann nieste er. Bei „Ha" entstanden hohe Wellen. Und bei „tschi" überschwemmten die Wellen das Land. Ein „Hatschi" brachte nur einen leichten Sturm. Aber viele „Hatschis" brachten gewaltige Stürme.

Bald hießen bei den Mexikanern die Stürme nur noch „Hunrakan". Die Menschen in Amerika sind dabei geblieben. Sie nennen manche Stürme „Hurrikan".

Wie entstanden die Stürme?

Welche Namen hat das Sternbild?

Dieses Sternbild hat verschiedene Namen. Es heißt „Großer Bär" oder „Großer Wagen". Die Mexikaner nannten es früher „Hunrakan".

4 Zu jeder Frage passt eine Antwort. Wenn du die Antworten in der richtigen Reihenfolge liest, entsteht eine Geschichte.

5 Male auf ein großes Blatt den Riesen Hunrakan.
Schreibe in das Bild die Geschichte von dem Riesen.

Adjektivpaare in Rätseltexten verwenden und einander zuordnen;
verschiedene Bezeichnungen für Wasser kennen und verwenden;
Bildung von Adjektiven mit den Wortbausteinen -ig und -lich

Wasser kann verschieden sein

Ein rätselhaftes Element

Es kann fest sein oder … ?
Mal ist es sichtbar, mal ist es … .
Manchmal ist es …, manchmal trüb.
Bei uns gibt es reichlich davon,
woanders ist es … .
Es kann kalt sein, aber auch … .
Meistens fühlt es sich nass an,
aber manchmal auch … .
Schließlich kann es … oder hart sein.
So verschieden ist: … .
Aber es hat noch viele andere Namen.

flüssig klar knapp warm
unsichtbar trocken weich

1 Lest den Text. Setzt dabei die fehlenden Adjektive ein.
Ergänzt den Namen des rätselhaften Elements.

2 Wasser hat viele Namen. Seht euch die Fotos an und findet sie.

3 Schreibe den Rätseltext vollständig ab.

4 Schreibe die Adjektive, die in den Sätzen stehen, als Gegensatzpaare auf.
fest – flüssig, …

5 Welche Nomen haben sich in den Adjektiven versteckt?
Schreibe so: *neblig – der Nebel, …*
Unterstreiche bei den Adjektiven die Wortbausteine **-ig** und **-lich**.

neblig *freundlich* *westlich* *herbstlich* *frostig*

winterlich *sonnig* *nördlich* *windig* *wolkig*

Das Märchen vom Jaguar und vom Regen

Der Sommer war so heiß, dass die Menschen nachts in Hängematten vor ihrem Haus schliefen. Das ärgerte den Jaguar und er jaulte und brüllte laut in die Dunkelheit. Die Menschen sollten davon Angst bekommen und zurück in ihr Haus gehen. Das sah der Regen. Er sagte zum Jaguar: „Die Menschen haben keine Angst vor dir. Ich werde horchen, was sie zu deinem Gebrüll sagen.“

Als alle Menschen im Haus waren, trafen sich der Jaguar und der Regen wieder. Und der Regen sagte zum Jaguar:

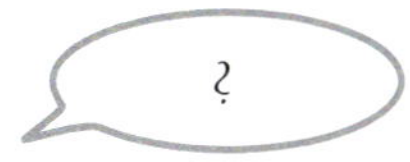

1 Was sagt der Regen am Schluss zum Jaguar?
Schreibe, wie das Märchen zu Ende geht.

2 Die Zettel an dem roten Faden zeigen, wie der Jaguar und der Regen die Menschen auf die Probe stellen.
Erzähle das Märchen mit deinen Worten.

3 Schreibe auf, wie der Jaguar und der Regen die Menschen auf die Probe stellen.
Oder:
Schreibe das ganze Märchen auf.

So ein Wetter!

Svenja und Lena fahren mit dem Fahrrad zum See. Die Sonne scheint warm. Sie wollen richtig lange im Wasser spielen. Die Taschen legen sie unter einen Baum und rennen schnell ins Wasser. Nach einiger Zeit sieht Lena eine dunkle Wolke am Himmel. Gibt es ein Gewitter? Schon weht ein kühler Wind, in der Ferne blitzt und donnert es. Jetzt dürfen sie nicht mehr im Wasser bleiben.

das Wetter
das Fahrrad
der Baum
der Himmel
das Gewitter
fahren
scheinen
rennen
wehen
blitzen
donnern
bleiben
warm
dunkel
kühl

1 Erforsche den Text. Stelle Fragen zum Text.

2 Erforsche die Wörter.

3 Schreibe den Text ab.

4 Markiere die Stolperstellen. Unterstreiche die Übungswörter.

5 Wie heißen die Übungswörter?
Setze die Silben zusammen und zeichne die Silbenbögen.
das Wetter, ...

Wet	Him	we	don	schei	blit	Fahr	dun
kel	nern	nen	zen	rad	mel	ter	hen

6 Baue einen Riesensatz mit den Übungswörtern.
Lena fährt.
Lena fährt mit dem Fahrrad.
Lena fährt mit dem Fahrrad ...

So geht's!

Ein Schleichdiktat schreiben

1. Schreibe den Text ab und lege ihn weit weg von dir.
2. Lies dir den ersten Satz durch und merke ihn dir.
3. Schleiche zu deinem Platz zurück und schreibe den Satz auf.
4. Mache es mit allen anderen Sätzen genauso.
5. Zum Schluss hole die Vorlage und vergleiche Wort für Wort.
6. Hast du einen Fehler, schreibe das Wort noch einmal richtig auf.

1 Teste bei den Wörtern:
Welche betonten Selbstlaute klingen lang, welche kurz?

lang –	*kurz* •
Regel	*rennen*

Regel | rennen *Himmel | liegen* *gut | dunkel*
blitzen | Igel *wehen | Wetter* *fahren | fassen*
Wasser | Wahl *donnern | Dose*

2 Wie heißt der Buchstabe: **b** oder **p**, **d** oder **t**, **g** oder **k**?
Schreibe so: *der gelbe Regenmantel – Der Regenmantel ist gelb. ...*

der gel◯e Regenmantel der star◯e Regen der lau◯e Donner
der klu◯e Wetterfrosch das trü◯e Wetter der wil◯e Sturm

3 Verwandle die Nomen in Adjektive, die mit **-ig** oder **-lich** enden.
Schreibe so:
das Eis – das eisige Wasser, ...

Eis *Luft* *Sommer*
Schmutz *Gefahr* *Salz*
Tag *Osten* *Süden* *Fluss*

4 Bilde mit dem Satzschieber Sätze.

Ich	bleibe	gern im Wasser.
Du	bleiben	lange am See.
Svenja	bleibst	nicht gern allein zu Hause.
Tim	bleibt	abends lange wach.
Meine Eltern		in meinem Zimmer.
...		...

5 Setze die Satzteile richtig zusammen.
Schreibe den Text geordnet auf.

1 Svenja und Lena fahren		nach Hause.
5 Es weht		über die warme Sonne.
2 Die Mädchen freuen sich		eine dunkle Wolke am Himmel.
7 Schnell fahren sie		im Wasser spielen.
4 Lena sieht		ein Gewitter.
3 Sie wollen lange		ein kühler Wind.
6 Bald gibt es		mit dem Fahrrad zum See.

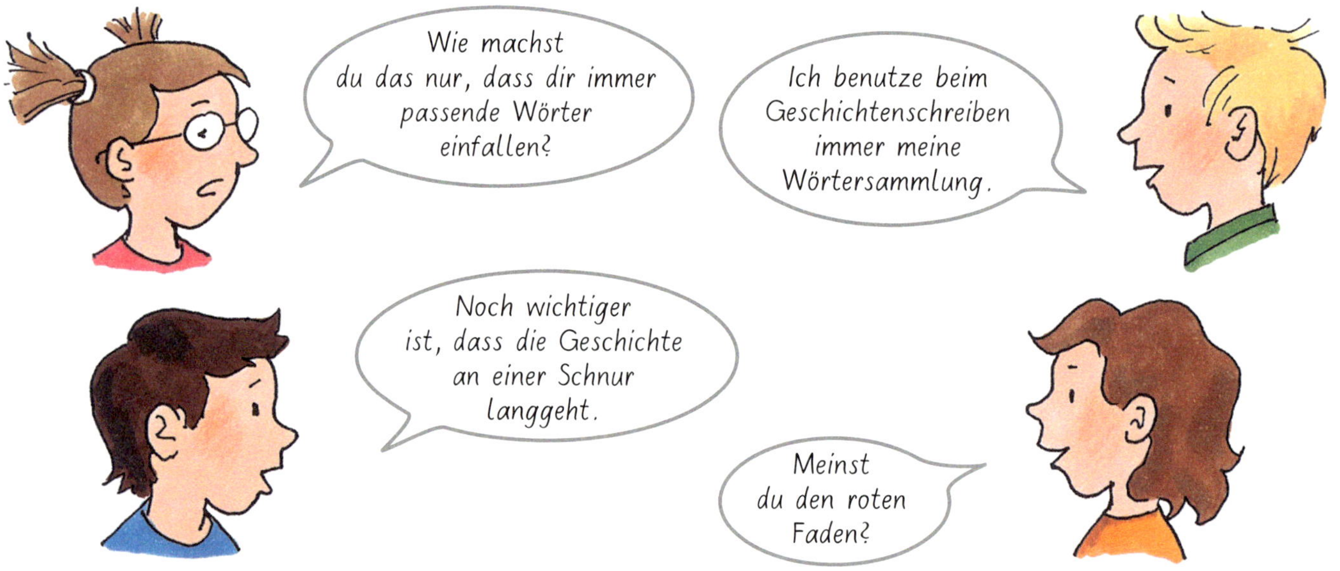

1 Schreibe auf, was du über das Erfinden und Erzählen von Geschichten gelernt hast.
Zuerst träume ich mich …
Dann schreibe ich alle Wörter auf, die …
Danach überlege ich mir, welche Wörter …
Schließlich erfinde ich einen roten Faden, der …
Zum Schluss schreibe ich …

Trotz des schlechten Wetters musste ich natürlich in die Schule gehen.

Kurz vor der Schule riss mir plötzlich ein heftiger Windstoß den Schirm aus der nassen Hand.

Es war ein windiger und regnerischer Morgen.

Er taumelte zuerst hin und her und stieg dann hinauf in den grauen Himmel. …

Ich zog also eine wasserdichte Jacke an und spannte meinen gestreiften Regenschirm auf.

2 Schreibe die Geschichte in der richtigen Reihenfolge auf.
Denke dir einen Schluss aus.
Unterstreiche in deinem Text die Adjektive.

3 Welche Stolperstellen musst du dir bei den Wörtern merken?

sommer 🔍 fleiß 🔍 fröh 🔍 rutsch 🔍 freud 🔍
lust 🔍 pünkt 🔍 gewittr 🔍 vergess 🔍 richt 🔍

4 Was weißt du schon über Adjektive? Schreibe es auf.
Adjektive beschreiben, …
Adjektive verändern sich, …

Wie wir uns fühlen

Immer zwei Kinder gehören zusammen.
Was haben sie gemeinsam? Was unterscheidet sie?
Findet ihr es heraus?
Tipp: Es geht um gesunde Lebensweise.

Wir leben gesund

1 Was tun die Kinder für ihre Gesundheit?
Wie hältst du dich gesund?

2 Schreibe Sätze zu den Bildern. Verwende dabei auch die angegebenen Verben.
Unterstreiche die Verben rot.

Wir leben gesund
Wir schützen uns vor der Sonne.

schützen — spielen — laufen — duschen — bewegen — trinken — ausruhen

anziehen — essen — kleiden — schlafen — pflegen — ernähren — waschen

3 Immer drei Karten gehören zusammen. Schreibe die richtigen Dreier-Reihen auf.
Unterstreiche den Wortstamm.

baden – ich bade – er badet

baden	ich schlafe	sie trinkt	er wäscht	lassen
ich wasche	ich lasse	ich bade	ich trinke	schlafen
trinken	er badet	sie schläft	waschen	sie lässt

Wörter, die sagen, was jemand tut oder was geschieht, nennt man **Verben**.
Verben haben einen **Wortstamm** und eine **Endung**. Manchmal wird aus dem Selbstlaut im Wortstamm ein Umlaut:
schlafen – ich **schlafe** – sie **schläft**, **baden** – ich **bade** – er **badet**.

Ich lebe gesund

Ich … meistens zehn Stunden. Das ist gut für meinen Körper. Er … sich und … neue Kräfte. Meine Mutter achtet darauf, dass ich jeden Tag Obst … . Es … viele Vitamine. Sie … dem Körper, gesund zu bleiben. Nach dem Essen … ich meine Zähne, damit sie keine Löcher … . Am liebsten … ich mit meinen Freunden draußen in der frischen Luft. Wir … mit den Fahrrädern oder … um die Wette.

schlafen *fahren* *putzen* *helfen* *sammeln* *rennen* *bekommen* *erholen* *enthalten* *essen* *spielen*

1 Setze die Verben in der richtigen Form ein.
Schreibe den Text vollständig auf.

2 Wer oder was ist mit den unterstrichenen Wörtern gemeint?

3 Schreibe die Verben aus dem Text in eine Tabelle.

ich	*er/es*	*wir*	*sie*
schlafe	*erholt*	*fahren*	*helfen*

Verben haben eine **Grundform** und verschiedene **Personalformen**.
Grundform: spielen
Personalformen: **ich** spiele **du** spielst **er/sie/es** spielt
wir spielen **ihr** spielt **sie** spielen
ich, **du**, **er/sie/es**, **wir**, **ihr**, **sie** stehen **für** Nomen.
Daher heißen sie **Pronomen (Fürwörter)**. (**Pro** heißt lateinisch **für**.)

Personalformen würfeln

Das wird gebraucht:

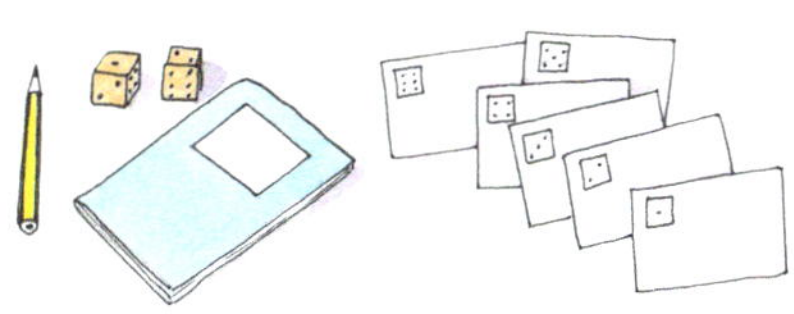

So wird gespielt:

- Sucht sechs Verben in der Wörterliste.
- Schreibt sie in der Grundform auf Kärtchen.
- Würfelt reihum.
- Würfelt mit dem einen Würfel ein Verb.
- Würfelt mit dem anderen Würfel ein Pronomen (Fürwort).
- Schreibt die passende Personalform auf.

Manchmal werden Kinder krank

Koljas Mutter ist Ärztin.
Heute kommt sie in die Klasse.
Die Kinder haben viele Fragen zum
Thema „Erkältungskrankheiten".

Warum erkälten wir uns manchmal?

Was ist Fieber?

Warum fühle ich mich schlecht, wenn ich Fieber habe?

Was muss ich tun, wenn ich Fieber habe?

1 Notiert Fragen, die ihr zum Thema „Erkältungskrankheiten" habt.

2 In den Texten findet ihr Antworten auf die Fragen der Kinder.
Überfliegt die Texte mit den Augen. Sucht dabei nach **Schlüsselwörtern**.
Das sind Stellen, die etwas besonders Wichtiges enthalten.

(1) Erkältungen werden durch winzige Krankheitserreger verursacht. Sie heißen Viren und gelangen durch die Nase oder den Mund in unseren Körper.

(2) Wer Fieber hat, darf sich nicht anstrengen und gehört ins Bett. Man muss viel trinken. Dauert das Fieber länger als 2 bis 3 Tage und sinkt nicht, muss man zum Arzt gehen.

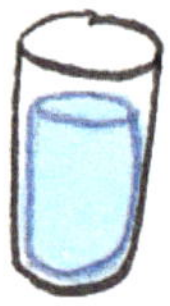

(3) Fieber hat man, wenn die Körpertemperatur auf über 38 Grad Celsius steigt. Der Körper bekämpft die Krankheitserreger mit Wärme. Fieber ist keine Krankheit, sondern gehört zur Heilung.

(4) Bei Fieber friert man häufig oder schwitzt stark. Oft bekommt man Kopfschmerzen. Manche Kinder haben in der Zeit kaum Hunger und sind quengelig.

3 Notiert die Schlüsselwörter, die ihr gefunden habt.
Text 1: Erkältungen, ...
Vergleicht eure Ergebnisse. Was stellt ihr fest?

4 Fasse mit eigenen Worten zusammen, was Fieber ist.

5 Besorgt euch Informationen zu euren Fragen.
Ihr könnt Erwachsene fragen oder in Sachbüchern, in Gesundheitsbroschüren oder im Internet nachlesen.

www.kinderwelt.org
www.medizity.de
www.jolinchen.de

Kranksein ist doof

Ich war zwei Wochen krank, weil ich eine schlimme Erkältung hatte. Fast die ganze Zeit lag ich im Bett und hatte Fieber. Das Fieber wollte nicht sinken. Dann bekam ich noch eine Halsentzündung. Es ging mir richtig schlecht. Ich habe viel geschlafen. Hunger hatte ich kaum. Mama hat mir meinen Lieblingspudding gekocht. Aber der schmeckte mir nicht. Ich musste viel Tee trinken. Weil die Krankheit ansteckend war, durfte mich niemand besuchen. Papa hat mir ein Pferdebuch geschenkt. Dann war mir nicht mehr so langweilig. Ich war froh, als ich wieder gesund war.

Sina

1 Was sagt Sina über das Kranksein?
Wie war es bei euch, als ihr einmal krank wart?

2 Hier sind sieben Dinge verschlüsselt,
die Sina brauchte, als sie krank war.
Setze die Nomen wieder richtig zusammen.
der Teelöffel, ...

TEETÜCHER TASCHENTEE WASSERSAFT FIEBERFLASCHE
WÄRMGLAS KRÄUTERLÖFFEL HUSTENTHERMOMETER

3 Sammelt auf einem Plakat Wörter, die zu Kranksein passen.
Ordnet die Wörter so:
Nomen: Erkältung, Husten, ...
Verben: frieren, anstecken, ...
Adjektive: krank, schlapp, ...

4 Schreibe einen Text. In eurer Wörtersammlung
findest du die passenden Wörter.
Als ich einmal krank war
Oder:
Als ich einmal Fieber hatte

5 In Sinas Brief sind jeweils sechs Wörter mit **ng**
und mit **nk** enthalten. Schreibe die Wörter heraus.
ng: Erkältung, ...
nk: Kranksein, ...

Vorsicht ist besser

1 Schaut euch die Bilder genau an.
Worum geht es in der Geschichte?

2 Ist es dir auch schon einmal
so gegangen wie dem Mädchen?
Erzähle, was dir passiert ist.

3 Warum ist das Mädchen hingefallen?
Sammelt verschiedene Ideen und
schreibt sie auf.

4 Schreibe die Bildergeschichte.
Entscheide dich für eine Idee.
Oder:
Schreibe einen Text von dir.
Als ich einmal ...

So geht's!

Einen Gedanken ausbauen

1. Schau dir die Bilder genau an:
Worum geht es in der Geschichte?
2. Was könnte passiert sein?
Sammle verschiedene Ideen.
3. Entscheide dich für eine Idee:
   * Was tun die Personen?
   * Wie fühlen sich die Personen?
4. Schreibe die Geschichte so, dass
andere sie verstehen.
5. Denke dabei an das, was du dir
überlegt hast.

1 Schaut euch die Bilder an.
Welche Tipps könnt ihr geben, damit kein Unfall passiert?

2 Schreibe die Tipps in der Ich-Form auf.
Die Wörter im Kasten helfen dir.
Unterstreiche die Verben rot.

Tipps zur Unfallvermeidung

1. Ich benutze einen Tritthocker oder frage einen Erwachsenen, wenn ich etwas aus dem oberen Regalfach brauche.

kippeln, Stuhl, Heizungskörper, drängeln, Treppenhaus, Sporthalle, gucken, nach vorne, balancieren, feucht, Boden, Hallenbad, Fliesen, nass, gehen, langsam

3 Schreibe eigene Tipps zur Unfallvermeidung. Male dazu.

Meine Tipps zur Unfallvermeidung

Mutter ist krank

Tims Mutter ist krank geworden, sie kann sich nicht bewegen. Die Ärztin kommt und untersucht die Mutter. Die Krankheit ist nicht gefährlich, aber Tims Mama darf sich nicht anstrengen. Deshalb will Tim heute seine Mutter pflegen. Er holt ihr Tee und setzt sich zu ihr ans Bett. Als Mama müde wird, lässt Tim sie schlafen. Am Abend schenkt Vater ihm ein Eis, weil er so fleißig war. Bald ist Mama wieder gesund.

die Ärztin
die Krankheit
der Tee
das Bett
bewegen
sich anstrengen
pflegen
lassen
schlafen
schenken
krank
gefährlich
müde
fleißig
gesund
bald

1 Ordne die Übungswörter in die Tabelle ein:

Nomen	*Verben*	*Adjektive*	*andere Wörter*

Suche weitere Wörter in der Wörterliste.
In jeder Spalte sollen 10 Wörter stehen.

2 Schreibe die Reimwörter auf.

schenken	*krank*	*Bett*	*pflegen*	*Tee*
l	*Schr*	*f*	*r*	*S*
d	*bl*	*n*	*bew*	*Schn*

3 Bilde Verben mit dem Verbschieber.
ich schlafe, ...

	Wortstamm	Endung
ich	schlaf	e
du	schläf	st
er, sie, es	lass	t
wir	läss	en
ihr	lieg	
sie	besuch	

So geht's!

Wortarten erkennen – der Verben-Trick

Probiere, ob du mit dem Wort eine Personalform mit **ich**, **du**, **er/sie/es**, **wir**, **ihr**, **sie** (alle) bilden kannst.

Beispiel: **fahren – ich fahre, du fährst, er/sie/es fährt,**
wir fahren, ihr fahrt, sie fahren

1 Ordne die Wörter nach Wortfamilien. Unterstreiche den Wortstamm.

schenken	die Pflege	bewegen	das Krankenhaus
pflegen	das Geschenk	krank	beweglich
die Krankheit	die Bewegung	geschenkt	gepflegt

2 Die Wörter auf jedem Streifen ergeben richtig geordnet einen Satz. Schreibe für jeden Satz zwei Möglichkeiten auf. Am Satzanfang musst du großschreiben.

untersucht Mutter zu Hause die die Ärztin

muss pflegen Tim seine heute Mama kranke

Tee Mama Bett holt ans den Tim am Nachmittag

Märchen kann vorlesen Tim Mama ein

Abend Vater am kommt nach Hause

3 Wer schenkt wem was? Bilde Sätze.

Wer	schenkt	wem	was?
Anna	schenkst	dem Enkel	einen Blumenstrauß.
Die Großeltern	schenke	Mama	ein spannendes Buch.
Ich	schenkt	den Kindern	eine Tafel Schokolade.
Du	schenken	Felix	einen Fußball.
…		…	…

4 Setze die Verben in der richtigen Personalform ein. Schreibe den vollständigen Text ab.

Meine Mama … im Bett, denn sie ist krank.
Ich … meine Mama.
Heute … der Arzt und … sie.
Er … Fieber und … ihr Medizin.
Hoffentlich … es ihr bald wieder besser.

untersuchen, kommen, liegen, messen, geben, gehen, pflegen

5 Hier haben sich sechs Fehler eingeschlichen. Findest du sie? Schreibe den Text richtig auf.

Leider darf ich heute nicht zur schule gehen.
ich habe schlime Halsschmerzen und auch noch Husten.
Meine mama gibt mir Hustensaft. Der schmekt ganz bitter.
hoffentlich bin ich bald wieder gesund.

Versteckte Verben:

Laufschritt Essbesteck Spielplatz Waschbecken Pflegeöl Schlafsack Trinkflasche Rennrad Badewanne Schleichweg

1 In den Nomen sind Verben versteckt.
Schreibe sie in der Grundform auf.

2 Schlage die Verben in der Wörterliste nach.
Schreibe die Personalform und die Grundform auf.
Schreibe die Seite der Wörterliste dazu.

Personalform	Grundform	Seite
sie liest	*lesen*	*...*

sie liest *er läuft* *sie sieht*
er wächst *sie trägt* *er gibt*
er hilft *sie spricht* *er darf*

3 Du hast in dem Kapitel viel darüber erfahren,
was du für deine Gesundheit tun kannst.
Was hast du dir gemerkt? Schreibe es auf.
Oder:
Schreibe auf, was du für deine Gesundheit tust.

4 Welche Stolperstellen musst du dir bei diesen Wörtern merken?
Was weißt du schon von den Wörtern?

der Liebli🔍 er de🔍t schla🔍 es sti🔍t li🔍s der Einga🔍
die Behandlu🔍 es hi🔍 er hi🔍t la🔍sam e🔍 das Bli🔍licht

5 Ob ein Wort mit **ng** oder **nk** geschrieben wird,
kannst du mit einem Trick prüfen. Schreibe den Trick auf.
Ich muss ...

Von Zeit zu Zeit

Ein Film soll gedreht werden, dessen Handlung vor etwa 100 Jahren spielt. Die Filmemacher haben für die Szene mit Schulkindern einen Klassenraum hergerichtet.
Aber was ist ihnen passiert?
Zwölf Dinge sind im Bild, die es damals noch gar nicht gegeben hat.

Zeit ist kostbar

Die Zeit

Man kann sie nicht riechen,
man kann sie nicht schmecken,
man kann sie einfach
nirgends entdecken.

Man kann sie vergeuden,
man kann sie vergessen.
Doch was man versäumt hat,
kann man nicht messen.

Man kann sie nicht kaufen,
man kann sie nicht borgen.
Man sucht das Gestern,
schon ist es morgen.

Man kann sie gut nutzen
Und jemandem schenken,
und wenn man Zeit hat,
an sie denken.

Gerald Jatzek

1 Lest das Gedicht mehrmals.
Welche Wörter wollt ihr beim Vorlesen besonders betonen?
Lest laut, leise, ruhig, aufgeregt. Wie klingt es gut?

2 Übt das Gedicht. Jeder übernimmt eine Strophe.

3 Was erzählt das Gedicht über die Zeit?
Was bedeutet es, jemandem Zeit zu schenken?

4 Gestalte einen oder mehrere Zeitgutscheine.
Schenke sie jemandem, dem du eine Freude machen möchtest.

5 Was weißt du über die Zeit? Wie wird sie gemessen?

Familie Sommerfelds Wochenplan

Wochentag	Mama	Papa	Henrike	Lukas
Montag 17. November			15.00 Schwimmtraining	
Dienstag 18. November		19.00 Tennis mit Jan		
Mittwoch 19. November	16.00 Kaffee trinken mit Frau Götz	16.00 Fußball mit Lukas		16.00 Fußball mit Papa
Donnerstag 20. November		Sperrmüll rausstellen		15.00 Vorlesewettbewerb
Freitag 21. November	19.00 Abendessen bei Flotts		15.00 Carolin treffen	
Samstag 22. November	11.00 joggen mit Anna		Zimmer aufräumen	Zimmer aufräumen
Sonntag 23. November	Familienausflug nach Schloss Wasserstein			

1 Stellt euch gegenseitig Fragen zum Wochenplan.

Was macht Mama am Samstag?

Wann geht Lukas zum Vorlesewettbewerb?

Wer ...

2 Schreibe in Sätzen auf, was Familie Sommerfeld in der Woche vorhat.
Die Woche von Familie Sommerfeld
Frau Sommerfeld trinkt am Mittwoch Kaffee mit Frau Götz. Am Freitag ...
Herr Sommerfeld ...

3 Schreibe einen Terminplan für deine nächste Woche auf.
Überlege dir selbst, wie du ihn aufschreiben willst (Tabelle, Sätze, ...).
Oder:
Denke dir einen Terminplan für deine Wunschwoche aus.

4 Im Wochenplan von Familie Sommerfeld stehen viele Wörter mit doppeltem Mitlaut.
Schreibe sie auf. Markiere den kurzen Selbstlaut.
Wörter mit doppeltem Mitlaut
der Mittwoch, ...

Ich – gestern, heute, ...

1 Das Bild erzählt, was Menschen aufheben.
Stellt Vermutungen an, warum das so ist.

2 Bringe ein Erinnerungsstück von dir mit.
Erzähle den anderen, woran es dich erinnert
oder welche Geschichte damit verbunden ist.

3 Schreibe und male
zu deinem Erinnerungsstück.

Das ist mein Teddy.
Ich habe ihn von meiner
Patentante zur Geburt
geschenkt bekommen,
als ich noch mit meiner
Mama im Krankenhaus war.
Er schläft in meinem Bett und wenn
ich verreise, nehme ich ihn immer mit.
Lukas

4 Gestaltet eine Ausstellung mit euren
Erinnerungsstücken und Texten.

Henrike hat einen dicken Wollfaden auf ein Blatt Papier geklebt. An den Faden hat sie die Zahlen von 0 bis 9 geschrieben. Sie stehen für ihre Lebensjahre. Dann hat sie Ereignisse aus ihrem Leben auf Kärtchen notiert. Diese will sie an die entsprechende Stelle kleben.

Zu meinem ersten Schultag haben mir meine Eltern eine große Schultüte geschenkt.

In meinen ersten Sommerferien habe ich schwimmen gelernt.

Mit drei Jahren bin ich in den Kindergarten gegangen. Dort hatte ich viele Freunde.

Als ich zwei war, bin ich das erste Mal am Meer gewesen.

Ich wurde am 7. April geboren. An meinem Geburtstag lag noch Schnee.

Mit fünf habe ich Fahrrad fahren gelernt. Das war ganz schön schwer.

Kurz nach meinem achten Geburtstag sind wir umgezogen und ich bin in eine neue Schule gekommen.

Als ich vier Jahre alt war, habe ich meinen Schnuller im Klo runtergespült.

In meinem Fotoalbum kleben Fotos von meinem 1. Geburtstag mit Oma und Opa drauf.

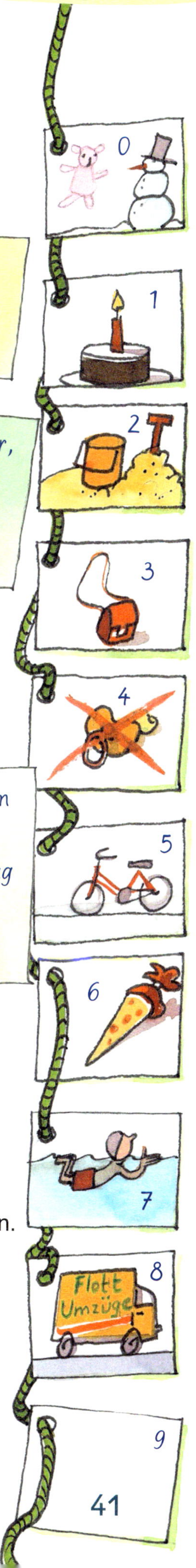

1 Lies alle Kärtchen, die Henrike geschrieben hat.
Überlege, in welcher Reihenfolge die Sätze stehen müssen.
Schreibe die Sätze in der richtigen Reihenfolge auf.
Henrikes Lebensgeschichte

2 Welche Ereignisse aus deinem Leben möchtest du aufschreiben?
Gestalte deine Geschichte wie Henrike mit Kärtchen und einem Wollfaden.
Oder:
Bastle ein Leporello.
Du brauchst für jedes Jahr ein Foto von dir.

3 Forsche nach dem Lebenslauf einer berühmten Person, zum Beispiel eines Fußballstars, einer Sängerin, eines Schauspielers …

Schule – früher, heute und im Jahr 2050

Herr Sommerfeld erinnert sich

Im Jahr 1956 ging ich in eine Dorfschule. Es gab zu dieser Zeit vier Klassen und nur zwei Lehrer. Deshalb wurden mehr als 50 Kinder gleichzeitig unterrichtet. Wir Drittklässler lernten mit den Erstklässlern zusammen in einem Raum. Auch am Samstag war Unterricht. Die Bänke standen in festen Reihen, sodass wir alle nach vorne schauten. Wir schrieben mit einem Griffel auf Schiefertafeln und wischten alles später mit einem nassen Schwamm wieder aus. Für Hausaufgaben hatten wir Hefte und Bleistifte.

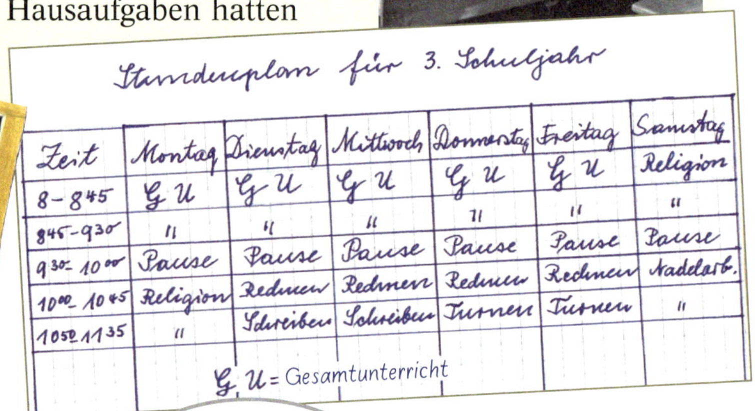

Stundenplan für 3. Schuljahr

Zeit	Montag	Dienstag	Mittwoch	Donnerstag	Freitag	Samstag
8–8⁴⁵	G U	G U	G U	G U	G U	Religion
8⁴⁵–9³⁰	"	"	"	"	"	"
9³⁰–10⁰⁰	Pause	Pause	Pause	Pause	Pause	Pause
10⁰⁰–10⁴⁵	Religion	Rechnen	Rechnen	Rechnen	Rechnen	Nadelarb.
10⁵⁰–11³⁵	"	Schreiben	Schreiben	Turnen	Turnen	"

G. U = Gesamtunterricht

Welche Unterrichtsfächer gab es?

Wie viele Kinder gingen in eine Klasse?

Welche Sachen gehörten damals in den Schulranzen?

Wie groß war die Schule?

Wie war der Klassenraum eingerichtet?

1 Herr Sommerfeld hat Fotos und andere Dinge mitgebracht und dazu erzählt. Schreibe die Fragen und passenden Antworten auf.

Dorfschule im Jahr 1956
Wie viele Kinder gingen in eine Klasse?
In eine Klasse gingen ...

2 Seit 1956 hat sich in der Schule viel verändert: Unterrichtsfächer, Klassengröße, Schreibzeug, …
Vergleiche früher mit heute. Unterstreiche die Verben rot.

Früher schrieben die Kinder mit einem Griffel.
Heute schreiben wir mit einem Füller.

Verben können angeben, von welcher Zeit erzählt wird, zum Beispiel von der **Gegenwart** oder der **Vergangenheit**. Sie stehen in verschiedenen Zeitformen.
Gegenwartsform: Die Kinder **schreiben** mit einem Füller.
Vergangenheitsform: Die Kinder **schrieben** mit einem Griffel.

Gestern oder heute?

Wenn der Lehrer in die Klasse ..., ... die Kinder auf und ... ihn im Chor. Alle Kinder ... ordentlich auf ihrem Platz und ... nach vorne zum Lehrer. Wenn der Lehrer sie etwas ..., ... sie aufstehen und antworten. Im Unterricht ... die Kinder nicht miteinander sprechen.

kommt – kam
stehen – standen
begrüßen – begrüßten
sitzen – saßen
schauen – schauten
fragt – fragte
müssen – mussten
dürfen – durften

1 Setze die richtige Zeitform ein und schreibe den Text ab.
Gestern oder heute?
Wenn der Lehrer ...

2 Frage deine Großeltern oder Urgroßeltern, wie es bei ihnen in der Schule war.
Oder:
Forsche nach einer Schul- oder Klassenordnung von früher.

Aus dem Tagebuch eines Drittklässlers im Jahr 2050

16.11.2050

Seit heute funktionieren die Computer wieder. Schade. Gestern hatten wir bei einer richtigen Lehrerin Unterricht. Das war spannend. Sie erzählte von ihrer Schulzeit. Früher gab es mehr Lehrerinnen als Computer in der Schule und die Kinder haben noch ganz viel mit der Hand geschrieben.
In Weltraumkunde sitzt jetzt Andidu neben mir auf dem Lernsofa.
Heute haben wir wieder Sport. Ich freue mich schon auf die Erholungsmassage und den Vitamindrink.

3 Versuche, dir einen Klassenraum im Jahr 2050 vorzustellen.
Male deine Vorstellungen auf.

4 Stell dir vor, du hättest in deinem gemalten Klassenraum Unterricht:
- Wer wird unterrichten?
- Wird es Bücher geben, Hefte?
- Womit wirst du schreiben?

Schreibe darüber einen Tagebuchtext.

Früher war vieles anders

Meine Oma erzählt mir oft, wie es früher war. Sie ist auf dem Dorf aufgewachsen. Ihre Eltern waren Bauern. Nach der Schule ging sie immer mit den anderen Kindern auf die Felder. Dort blieben sie viele Stunden und spielten. Manchmal musste meine Oma bei der Arbeit auf dem Hof helfen. Am liebsten fütterte sie die Tiere im Stall. Abends saß sie oft mit ihrer Mutter auf der Bank in der Küche und las in dem alten Märchenbuch.

das Dorf
der Bauer
das Feld
die Stunde
der Stall
die Bank
erzählen
sie ging
sie blieb
füttern
sie las
früher
alt
immer

1 Die Lösungswörter der Geheimschrift stehen bei den Übungswörtern.

1 die Stunde, ...

1 2 3 4 5 6

2 Ordne die Übungswörter nach dem ABC. Achte auch auf den 2. und 3. Buchstaben.

3 Teste bei den Wörtern: Welche betonten Selbstlaute klingen lang, welche kurz?

lang –	kurz •
Boden	Dorf

früher | füttern *Bank | Bahn* *fehlen | Feld*
immer | Wiese *strahlen | Stall* *Dorf | Boden*

So geht's!

Wortarten erkennen – der Nomen-Trick

1. Probiere, ob du vor das Wort die **Artikel der**, **die** oder **das** setzen kannst.
   Beispiel: **der** Tag, **die** Schule, **das** Kind
2. Probiere, ob du die **Mehrzahl** bilden kannst.
   Beispiel: das **Buch** – die **Bücher**
3. Probiere, ob du ein **Adjektiv** vor das Wort setzen kannst.
   Beispiel: der **schöne** Tag, **bunte** Stifte
4. Nomen können durch **Pronomen (Fürwörter)** ersetzt werden.
   Ich, **du**, **er**, **sie**, **es**, **wir**, **ihr**, **sie** (alle) sind Pronomen (Fürwörter).
   Beispiel: **Das Buch** gefällt den Kindern. **Es** ist spannend.

1 Schreibe mit jedem Übungswort einen Satz.
Oder:
Denke dir mit den Übungswörtern einen kleinen Text aus.
Unterstreiche die Übungswörter in deiner Lieblingsfarbe.

2 Auf der Tafel stehen lauter Vergangenheitsformen.
Schreibe die Wörter mit ihrer Grundform auf.

Vergangenheit	Grundform
halfen	helfen

halfen ließ bekam aß
fuhr blieb ging las
trank wusste hatte war
lag stand saß

3 Schreibe die Sätze in der Vergangenheitsform auf.
Einige Vergangenheitsformen findest du bei Aufgabe 2.

Oma arbeitet oft lange auf dem Feld.
Wir fahren auf den Bauernhof.
Lisa hilft der Mutter im Stall.
Ich lese in den Ferien viele Bücher.

Lukas spielt manchmal mit Christoph.
Nachmittags gehen wir ins Schwimmbad.
Sina sitzt auf der Bank und liest.
Tom füttert die kleinen Kätzchen.

4 Bilde viele Sätze mit dem Verb **bleiben**.

Wer	**blieb**	**wann**	**wo?**
Lukas		jeden Tag	im Schwimmbad.
Ich		in den Ferien	zu Hause.
Du	blieb	immer	lange im Bett.
Sina	bliebst	manchmal	im Garten.
Oma	blieben	montags	in der Schule.
Wir		jede Woche	im Hort.
…		oft	lange beim Fußballtraining.
		…	…

5 Schreibe den Text richtig auf. Überlege, woran du denken musst.

gestern besuchten wir mit unserer klasse
einen bauernhof der bauer zeigte uns
seine scheune und den stall auf dem feld
sammelten wir kartoffeln wir durften
auch hühner füttern und katzen streicheln
zum schluss sahen wir uns das alte
backhaus an

Fragebogen zum Kapitel

Das war für mich in diesem Kapitel besonders interessant:

Ich habe Erinnerungsstücke von mir gesucht.

Das fand ich spannend:

Die Erinnerungsstücke erzählen mir Geschichten aus meinem Leben.

Das war lustig:

...

Das fand ich schwierig:

...

Darüber habe ich mich gefreut:

...

1 Welches Thema fandest du in diesem Kapitel besonders interessant?
Schreibe darüber, wie es Emilia getan hat.

Meine Schule ... sich in der Dorfmitte. Ich ... immer mit dem Fahrrad hin. Das ... nur wenige Minuten. Bis zum Unterrichtsbeginn ... wir noch auf dem Schulhof. Wenn die Schulklingel ... , ... wir rasch in unseren Klassenraum. Unser Klassenlehrer ... kurz danach den Raum und schon ... der Unterricht.

Meine Schule ... sich in unserem Nachbardorf. Ich ... immer mit dem Schulbus hin. Das ... nur eine Viertelstunde. Bis zum Unterrichtsbeginn ... wir noch auf dem Schulhof. Wenn die Schulklingel ... , ... wir rasch in unseren Klassenraum. Unsere Klassenlehrerin ... kurz danach den Raum und schon ... der Unterricht.

befindet – befand *fahre – fuhr* *dauert – dauerte* *spielen – spielten*

läutet – läutete *rennen – rannten* *betritt – betrat* *beginnt – begann*

2 Setze in die Texte die Verben in den richtigen Zeitformen ein.
Schreibe beide Texte vollständig ab.

3 Das habe ich neu über **Verben** gelernt:

Verben stehen in verschiedenen ... .
Wenn etwas jetzt geschieht, wird die ... benutzt.
Wenn etwas früher geschah, wird die ... benutzt.

Reise zu nahen und fernen Orten

Eine Schwalbe fliegt hoch über der Stadt. Ihr Nest klebt dicht unter der Dachkante eines Hauses, tief unter ihr.
Das Haus ist weiß. Es hat ein rotes Dach. Darin gibt es mehrere Dachfenster. Das Haus liegt oberhalb der Autobrücke.
Direkt an seiner Rückseite wachsen große Bäume. Zum Fluss ist es nicht weit, etwas mehr als 100 m.
Wisst ihr, wohin die Schwalbe fliegt?

Einen Ort entdecken

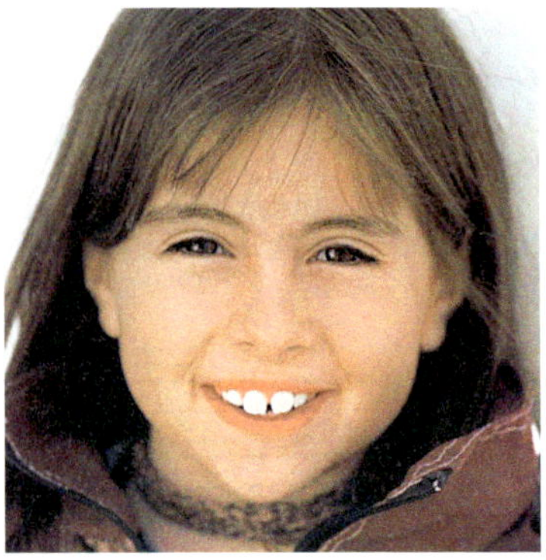

Das ist Seher.
Seher ist ein türkischer Mädchenname. Er bedeutet „Morgenröte“.
Seher ist in den Herbstferien mit ihren Eltern von Berlin nach Nordstemmen gezogen. Ihr Vater arbeitet dort in der Zuckerfabrik. Nordstemmen ist ein kleiner Ort mit 5000 Einwohnern.
Er liegt zwanzig Kilometer südlich von Hannover.
Seher geht jetzt in die Grundschule in der Asternstraße.
Gleich am ersten Tag hat sie sich mit Sophia angefreundet.
Seher und Sophia wohnen in der Nähe der Flussbrücke.
Von dort kann man die Marienburg sehen.

1 Lest den Text zu zweit. Was erfahrt ihr über Seher und ihre Familie? Was erfahrt ihr über Sehers neuen Wohnort?

2 Ordnet in jeder Reihe die Wortkarten zu einem Satz. Schreibt die Sätze auf. Überlegt, woran ihr denken müsst.

in Berlin | Seher | hatte | viele Freundinnen und Freunde

gar nicht | nach Nordstemmen | sie | wollte

kennt | den neuen Ort | sie | noch nicht

Seher | darum | Sophia | die Straßen und Plätze | zeigt

gehen | die Mädchen | zu Sophias Lieblingsplatz | zum Schluss

3 Schreibe die Wörter einzeln auf Wortkarten.
Ordne die Wortkarten zu Sätzen.
Es gibt mehrere Möglichkeiten.
Vergleiche:
Welche Wörter bleiben immer zusammen?

Tagen | Seher | paar | viele

nach | kennt | Straßen | ein

> Ein Satz besteht aus mehreren Teilen. Die Teile, die immer zusammenbleiben, heißen **Satzglieder**.
> Ein Satzglied kann aus einem Wort oder aus mehreren Wörtern bestehen.

1 Welche Orte zeigt Sophia ihrer neuen Freundin?
Stellt Vermutungen an, warum sie diese ausgewählt hat.

Einen Satzfächer bauen

Das brauchst du:
Pappstreifen, eine Musterbeutelklammer

Das musst du tun:
Schreibe einen Satz auf einen Pappstreifen.
Zerschneide den Pappstreifen so,
dass die Satzglieder zusammenbleiben.
Hefte die Streifen zusammen.
Stelle die Streifen zu unterschiedlichen Sätzen zusammen.

2 In jeder Reihe steht ein Satz. Schreibe die Satzglieder auf einen Satzfächer.
Oder:
Schreibe auf deinen Satzfächer eigene Satzglieder.

der hohe Schornstein | zu der Zuckerfabrik | am Ortsrand | gehört

das Schwimmbad | der schönste Platz | ist | im Sommer

du | die Marienburg | siehst | zwischen den Bäumen

jede Stunde | nach Hannover | fährt | ein Zug

Seher | ein Kino | vermisst

3 Probiere, mit dem Satzfächer Sätze zu bilden. Schreibe sie auf.
Kennzeichne die Satzglieder.
Im Sommer | ist | das Schwimmbad | der schönste Platz.

Hinterm Ortsrand geht es weiter

Auf den beiden Fotos sieht man, wie sich ein Ort verändert hat.
Früher blieben die Leute im Dorf. Hier wohnten und arbeiteten sie. Heute zieht es sie zur Arbeit in die Stadt. Aber sie lieben es, weiter in der Nähe der Felder und Wälder zu leben.

Daher behielten zahlreiche Menschen ihre Wohnungen im Heimatdorf. Überall entstanden neue Wohngebiete. Meistens liegen sie an den Ortsrändern. Die Erwachsenen genießen da draußen die Ruhe. Und den Kindern gefällt es, dass sie viel Platz für ihre Spiele haben.

1 Lest den Text. Stellt euch gegenseitig Fragen zum Text.

2 Erkundet, welche Wohngebiete in eurem Ort neu entstanden sind.

3 In dem Text stehen viele Wörter mit **ie**. Schreibe sie ab.
Oder:
Schreibe den Text ab und übermale alle **ie** farbig.

4 Sprich die Wörter deutlich. Entscheide, ob du **ie** oder **i** einsetzen musst.

ich schw_mme   die L_be   der W_nter

das T_r   der D_nstag   die Lehrer_nnen   ich l_ge   die L_der

schl_mm   sie fl_gen   es bl_tzt   der T_sch   die Sp_lw_se

5 Schreibe die Wörter in eine Tabelle. Markiere den kurzen **i-Laut** mit einem Punkt und den langen **i-Laut** mit einem Strich.

langer i-Laut	kurzer i-Laut
die Liebe	ich schwimme

Eine Weggeschichte

Gestern … einfach nicht mein Tag. Wie immer
am Morgen … ich im Galopp zur Haltestelle.
Dort … ich in den Schulbus.
Meine Freundin Merle … mich zu sich.
Ich … aber lieber stehen.
Mit einer Hand … ich mich an ihrem Sitz fest.
Plötzlich … der Bus eine Vollbremsung.
Ein Junge … mich um.
Vor Schreck … ich, aber …

ruft – rief
steige – stieg
ist – war
halte – hielt
laufe – lief
stößt – stieß
bleibe – blieb
schreie – schrie
macht – machte

1 Lies den Text halblaut und setze dabei die passenden Verben ein.
Überlege, von welcher Zeit der Text erzählt.

2 Wie könnte die Geschichte weitergehen?
Schreibe den Text vollständig auf. Erfinde einen Schluss.

Schwierige Vergangenheitsformen

sch__n l__ß schr__b f__l schl__f h__ß gef__l

3 Ergänze die fehlenden Buchstaben und schreibe die Wörter auf.
Ergänze die passende Grundform.

Vergangenheitsform	Grundform
schien	scheinen

Kleine Wörterkunde

Für „Straße“ gibt es im Deutschen viele Namen. Manche Wörter haben ihren Ursprung in anderen Sprachen. Auch das Wort „Straße“ gehört dazu. Es geht zurück auf das lateinische Wort „strata“. Das bedeutet übersetzt „gepflasterter Weg“ oder „Heerstraße“. Die Germanen lernten vor mehr als 900 Jahren von den Römern, wie man eine „strata“ baut. So kam das Wort zu uns.

4 Aus welcher Sprache stammen diese Wörter: Allee, Promenade, Chaussee?
Finde heraus, was sie bedeuten.

Von Höhlen und anderen Lieblingsplätzen

Sophia, Nicolai und Seher haben eine Höhle. Sie soll geheim bleiben. Darum gehen sie immer nur einzeln hin, wenn sie sich dort treffen wollen. Der Weg führt von der Schule zur Brücke. Vor der Brücke geht es nach rechts in einen schmalen Pfad. Es geht an der Schlossmauer entlang. Nach rund zweihundert Metern knickt die Mauer nach Norden ab. An dieser Ecke stehen hohe Bäume. Zwischen der Mauer und den Bäumen ist ein dichtes Gebüsch. Wer genau hinschaut, entdeckt einen niedrigen Gang, der in das Gestrüpp führt. Und wer hindurchkriecht, ist schon in der Höhle.

1 Lies den Text. Findest du die Höhle auf der Karte?

2 Beschreibe einen anderen Weg, der zur Höhle führt.

3 Was ist geschehen? Wie könnte die Geschichte weitergehen?

4 Schreibe deine Geschichte: Die Entdeckung der Höhle

So geht's!

Eine Geschichte planen

Überlege dir genau:

1. **Was** und **für wen** willst du schreiben?
2. **Wie** soll deine Geschichte werden (traurig, lustig, …)?
3. **Wer** erlebt etwas, **wo** und **wann** geschieht etwas?

Lieblingsplätze sind was ganz Besonderes

1 Überlegt euch Fragen, mit denen man das Besondere von Lieblingsplätzen herausfinden kann.

2 Beschreibe deinen eigenen Lieblingsplatz. Die Fragen helfen dir dabei.
Oder:
Beschreibe einen Lieblingsplatz, von dem du träumst.

3 Malt oder fotografiert eure Lieblingsplätze.

4 Gestaltet mit euren Texten, Bildern und Fotos ein Plakat.

Unsere Lieblingsplätze

Mein Lieblingsplatz ist bei meiner Oma, weil sie mich immer verwöhnt und mir manchmal auch Geld schenkt. Bei meiner Oma kann ich viel mehr fernsehen als zu Hause. Meine Oma wohnt in der Orleansstraße. Ihr Haus sieht pink aus.

Steven

Mein Zimmer ist mein Lieblingsplatz. Da kann ich spielen, toben und schlafen. Ich kann da alles machen. Und wenn mein Bruder mich ärgern will, mache ich einfach die Tür zu.

Jakob

Mein Lieblingsplatz ist ein Baum, auf den man gut klettern kann. Neben dem Baum fließt ein Bach. Wenn ich auf dem Baum sitze, kann ich gut überlegen. Ich sehe alles und ich kann mich da ausruhen.

Steffi

Ina schreibt: Meine Höhle

Wenn ich manchmal allein in unserer Wohnung bin oder wenn Mama arbeitet, bleibe ich gern in meinem Zimmer. Unter dem Tisch baue ich mir meine Höhle. Das ist mein Lieblingsplatz. Ich hole meine liebsten Spielsachen und denke mir Spiele aus oder ich höre Märchen. Manchmal vergesse ich die Zeit. Mama gefällt das nicht immer. Ich soll mich lieber draußen mit meinen Freunden treffen und auf Bäume klettern, meint sie. Was denkt ihr?

die Höhle
die Wohnung
das Zimmer
die Sachen
das Märchen
die Zeit
vergessen
treffen
klettern
denken
manchmal
allein
draußen

1 Welche Wörter haben sich in der Höhle versteckt?

2 Bilde Wörter mit ett und schreibe sie auf. Markiere ett.

klettern, ...

Br	B	Z	W	K		er	el	e
f	n	kl	r	w	b	en	ern	eln

ett

3 Schreibe die Fragen ab und antworte im ganzen Satz.

- Wo ist Inas Lieblingsplatz?
- Was denkt sich Ina in ihrer Höhle aus?
- Wie findet Mama Inas Lieblingsplatz?
- Warum bleibt Ina in ihrem Zimmer?
- Was hört Ina gern in ihrer Höhle?
- Wie findest du Mamas Vorschläge?

1 Welche Verben passen in die Sätze? Achte auf die Vergangenheitsform.
Schwierige Vergangenheitsformen stehen in der Wörterliste.
Schreibe den vollständigen Text ab.

Gestern … wir auf der Wiese am Waldrand. Die Sonne … . Wir … Papierflieger und … sie um die Wette fliegen. Das war lustig. Die Zeit … schnell vorbei und wir … fast, dass wir um vier Uhr zum Geburtstag von Sophias Oma gehen … . Schnell … wir los. Wir … ihr und … ein schönes Lied. Dafür … jeder ein großes Stück Bienenstich.

spielen · scheinen · basteln · lassen · gehen · vergessen · wollen · laufen · gratulieren · singen · bekommen

2 Schreibe alle Wörter mit **ie** aus dem Text auf.

3 In wenigen Wörtern wird ein **langes i** nur mit **i** oder **ih** geschrieben.
Suche solche Wörter in der Wörterliste bei den Buchstaben **F**, **I** und **M**.
Schreibe diese Wörter als Merkwörter auf.

4 Groß oder klein? Punkt oder Fragezeichen?
Hier musst du aufpassen.

JEDES KIND HAT EINEN ANDEREN LIEBLINGSPLATZ MANCHE KINDER SUCHEN SICH EINEN GEMÜTLICHEN PLATZ IM WALD ODER AUF DER WIESE ANDERE KINDER BAUEN SICH LIEBER EINE HÖHLE IM ZIMMER FÜR EINIGE KINDER IST DER SPORTPLATZ DER LIEBSTE ORT WO IST DEIN LIEBLINGSPLATZ

5 Auf der Lese- und Schreibstraße kannst du viele Sätze finden.

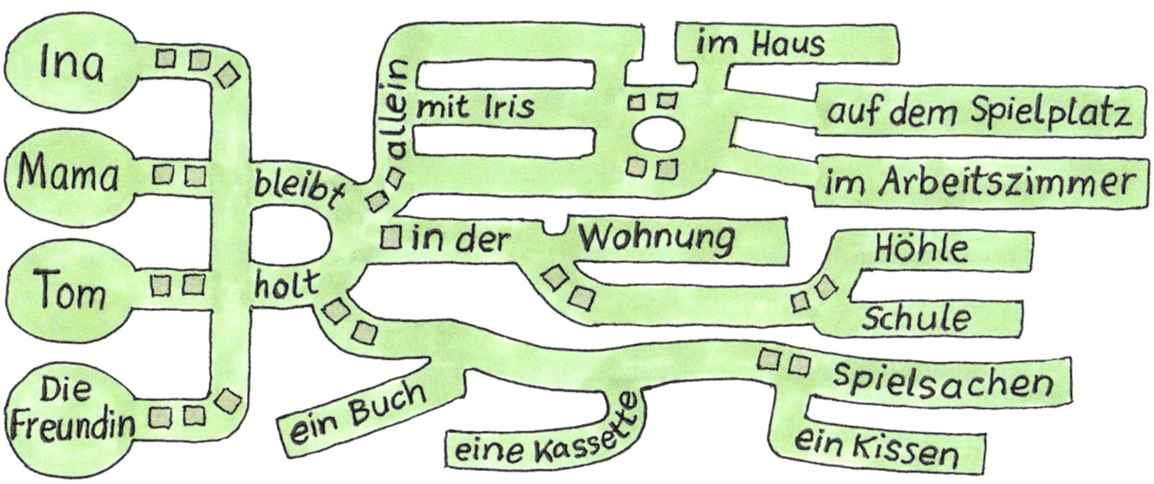

Diese Aufgaben fand ich	leicht	mittelschwer	schwer
Satzglieder zu Sätzen zusammensetzen	卌 |||	卌 ||	卌 ||
einen Satzfächer bauen	卌 卌	卌 ||	卌
Fragen zum Text stellen	卌 卌 卌	卌 |	|
den eigenen Ort erkunden	卌	卌 卌 ||	卌
Verben in der Vergangenheitsform benutzen	卌 |	卌 卌 |	卌
Fortsetzungen für Geschichten schreiben	||	卌	卌 卌 卌
die Bedeutung von Wörtern herau…			|||
den Weg zur Höhle beschreiben			

1 Führt in eurer Klasse eine Umfrage durch:
Wie schwer fandet ihr die Aufgaben des Kapitels?
Überlegt, welche Aufgaben ihr bearbeitet habt. Sprecht über die Ergebnisse.

2 Entscheide dich für drei Aufgaben des Kapitels. Beschreibe, warum diese Aufgaben für dich leicht, mittelschwer oder schwer zu bearbeiten waren.

3 Schreibe die Sätze in der richtigen Reihenfolge auf. Was wird hier beschrieben?

Aber niemand sagt diesen Unsinn:

Die Satzglieder bleiben immer zusammen.

Oder du sagst: „Nachmittags | toben | viele Kinder | auf dem Sportplatz."

Ob das stimmt, kannst du an einem Beispiel ausprobieren.

Alle Sätze bestehen aus Satzgliedern.

„Kinder nachmittags viele Sportplatz toben auf dem."

Du sagst: „Viele Kinder | toben | nachmittags | auf dem Sportplatz."

4 Schreibe auf, was du über die Satzglieder weißt:
Ein Satz besteht aus … . Teile, die immer zusammenbleiben heißen … .
Ein Satzglied kann aus … oder aus … bestehen.

5 In den Sätzen stehen mehrere Wörter mit langen und kurzen **i-Lauten**.
Schreibe sie auf. Markiere die langen und kurzen **i-Laute**.
langer i-Laut: …
kurzer i-Laut: …

Arbeit hat viele Gesichter

Hier arbeiten viele Menschen.
Sie haben ganz unterschiedliche Aufgaben.
Entdecke sie!

nach Bildern verschiedene Dienste beschreiben;
im eigenen Umfeld Dienstleistungseinrichtungen erkunden;
eine eigene Meinung äußern und vertreten

Damit der Alltag gut läuft

Stell dir vor, es würde keine Eisenbahn mehr fahren, kein Bus, niemand käme, um den kaputten Fernseher zu reparieren, das Telefon ginge nicht mehr …
In unserem Alltag würde einiges durcheinandergeraten. Viele Menschen leisten uns daher mit ihrer Arbeit wichtige Dienste. Sie arbeiten in „Dienstleistungsberufen“ oder ehrenamtlich in ihrer Freizeit. Ehrenamtliche Helfer kümmern sich zum Beispiel um ältere Menschen, sind Fußballtrainer im Verein oder arbeiten bei der freiwilligen Feuerwehr …
Für ehrenamtliche Tätigkeiten bekommt man kein Geld.

1 Seht euch die Fotos an. Erzählt dazu. Überlegt euch, was die Menschen hier für andere tun.

2 Erkundet, welche Dienste in eurem Ort oder eurem Stadtteil geleistet werden. Sammelt von diesen Einrichtungen Bilder, Prospekte, Aufkleber, kurze Info-Texte … und gestaltet damit ein Plakat.
Jeder braucht die Hilfe des anderen

3 „Das habe ich nicht weggeschmissen. Das muss ich auch nicht aufheben.“

Glück gehabt, Daniel!

Daniel … mit seinem Fahrrad über die Kreuzung. Er … die Vorfahrt nicht und … das Auto, das sich der Kreuzung nähert. Die Autofahrerin … noch zu bremsen, aber die Stoßstange ihres Autos … Daniels Hinterrad. Er fällt hin. Zum Glück … ein Helm seinen Kopf. Die Autofahrerin steigt aus und … ihn. In der Klasse … Daniel, was er falsch gemacht hat. Die Lehrerin … die Vorfahrtsregeln.

trösten   fahren   erklären
übersehen   schützen
versuchen   beachten
berühren   erzählen

1 Setze die Verben in der richtigen Personalform ein. Schreibe den Text vollständig auf.

2 Schreibe aus dem Text die Wörter mit **ah**, **äh**, **üh**, **ih** und **eh** heraus. Übermale **ah**, **äh**, **üh**, **ih** und **eh**. Welche Wörter bilden eine Wortfamilie?

sehen, sehen, sehen

über-   ein-
vor-   nach-
zu-   durch-
an-   aus-

sehen

Daniel hat die Autofahrerin … .
Daniels Klasse will sich die Verkehrsregeln noch einmal … .

Im Straßenverkehr muss man sich immer … .
Daniel lässt sein Fahrrad von einem Mechaniker … .

3 Schreibe den Text ab und setze das Verb **sehen** mit den passenden Wortbausteinen ein. Denke dir mit den anderen Verben eigene Sätze aus.

Manchmal kann ein Unfall aber auch so enden:

Die Notärztin	fährt das kaputte Fahrzeug in die Werkstatt.
Der Polizist	versorgt den Verletzten.
Der Rettungswagen	notiert den Unfallhergang.
Das Abschleppauto	bringt den Verletzten in das Krankenhaus.
Die Feuerwehrleute	räumen die Straße frei.

4 Ordne richtig und schreibe auf, **wer** was zu tun hat. Unterstreiche die Dienste, die hier zusammenarbeiten.

am Beispiel des ASB die Arbeit einer Hilfsorganisation kennen lernen; gezielt mit anderen über das Thema sprechen; einen Sachtext über den ASB schreiben

Helfen ist unsere Aufgabe

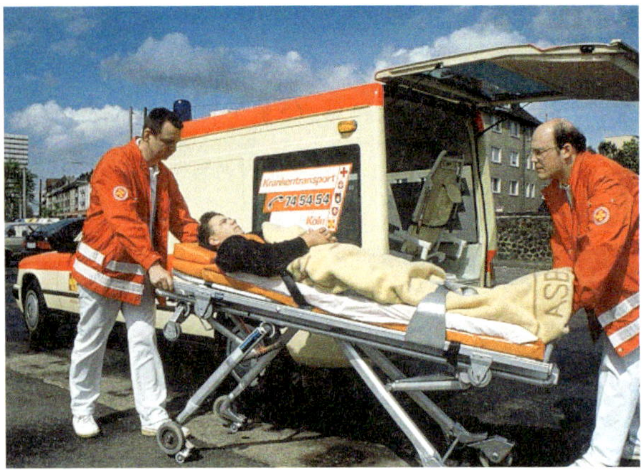

Kranke transportieren

„Helfen ist unsere Aufgabe.“ So lautet das Motto des ASB. Dieser Bund wurde 1888 gegründet, um Menschen zu helfen, die in ihrer Arbeitsstelle einen Unfall hatten. Seit seiner Gründung wurde der Verein immer größer. Heute gehören in Deutschland etwa 1 Million Menschen dem ASB an. Viele von ihnen helfen in ihrer Freizeit ohne Bezahlung.

ASB
Arbeiter-Samariter-Bund Deutschland e.V.

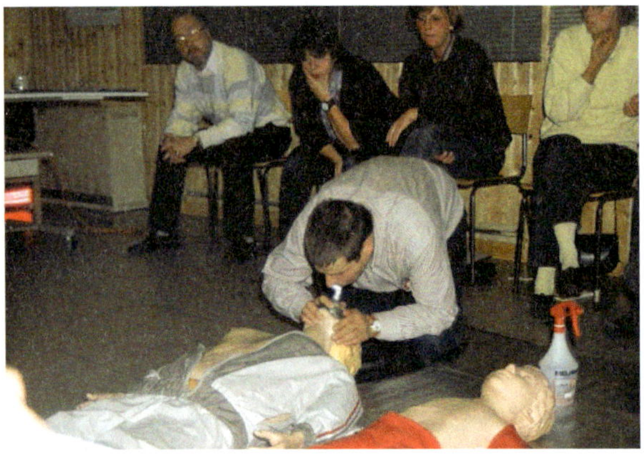

Erste-Hilfe-Kurse geben

Behinderte transportieren

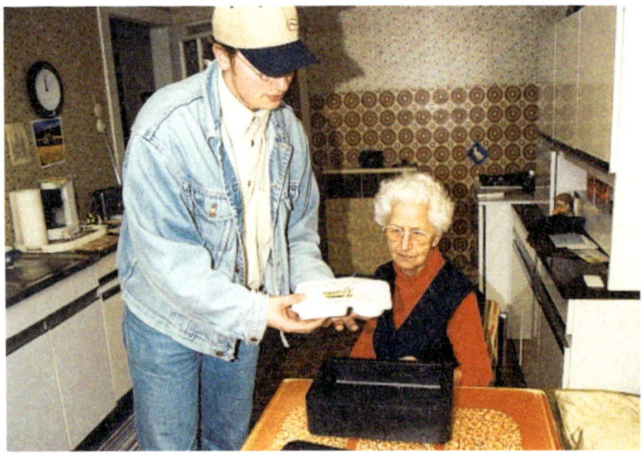

„Essen auf Rädern“ bringen

Menschen zu Hause pflegen

1 Was hast du über den ASB erfahren?
Mit welchen Diensten hilft der ASB den Menschen?

2 Schreibe einen Sachtext über die Arbeit des ASB.
Die Fotos und Stichwörter helfen dir dabei.

3 Was bedeutet das Wort „Samariter“?

Sara hat ihren überarbeiteten Text über den ASB auf die rechte Heftseite geschrieben:

Die Arbeit des ASB

Der ASB bringt den alten oder kranken Menschen leckeres Essen auf Rädern. Das finde ich gut. Der ASB fährt behinderte Menschen zur Behandlung ins Krankenhaus. Ich habe auch schon mal einen Mann im Rollstuhl gesehen. Der ASB fährt kranke Menschen zur Behandlung ins Krankenhaus. Der Fahrer sieht komisch aus.

Die Arbeit des ASB

Der ASB bringt den alten oder kranken Menschen Essen mit dem Auto.
Es heißt: Essen auf Rädern.
Er fährt kranke Menschen zur Behandlung ins Krankenhaus.
Behinderte Kinder werden jeden Tag in die Schule oder in den Kindergarten gebracht.

1 Welche Tipps hat Sara wohl für ihre Überarbeitung bekommen?

2 Lest euch eure Sachtexte vor und sprecht darüber. Gebt euch Tipps für die Überarbeitung.

3 Überarbeite deinen Text mit Hilfe der Tipps.
Oder:
Schreibe Saras Text weiter. Beachte dabei die Tipps.

So geht's!

Tipps für einen Sachtext

* Schreibe nur wichtige Informationen auf.
* Benutze verschiedene Satzanfänge.
* Ersetze Wörter, die sich oft wiederholen.

Welche Vereine gibt es bei euch?

4 Erkundet, ob es in eurer Umgebung einen Verein oder eine Gruppe gibt, die anderen Menschen hilft.

5 Ihr wollt Auskünfte bei einem Verein oder einer Gruppe erhalten. Sammelt Vorschläge, was ihr sagen könnt. Spielt die Szenen und besprecht das Rollenspiel.

Guten Tag, wir hätten eine Bitte!

Guten Tag, wir kommen aus der Grundschule Waldeck!

Wir sprechen in der Schule über ... . Könnten wir darüber bitte Material von Ihnen bekommen?

Ein Interview mit einem Feuerwehrmann

Die Kinder der Klasse 3a aus Waldeck wollen etwas über die Aufgaben und die Ausrüstung eines Feuerwehrmannes erfahren. Sie beschließen einen Feuerwehrmann in ihre Klasse einzuladen. So bereiten sie sich darauf vor:

* **Einen Brief an die freiwillige Feuerwehr schreiben**

Stichwortliste für den Brief
- etwas über die freiwillige Feuerwehr erfahren
- ein Interview durchführen
- Fotos machen
- einen Termin absprechen

Achtung:
Fremde Erwachsene spricht man mit „Sie“ an. Die höfliche Anrede schreibt man immer groß (Sie, Ihnen, Ihre, ...).

Freiwillige Feuerwehr Stadt Waldeck
Brandinspektor Schneider
Dr.-Mauser-Straße 19
34513 Waldeck

16.3.

Lieber Herr Schneider,

wir, die Kinder der Klasse 3a aus Waldeck, möchten gerne etwas über die freiwillige Feuerwehr erfahren ...

Vielen Dank
Ihre Klasse 3a

* **Fragen für das Interview mit einem Feuerwehrmann sammeln**

Fragen für das Interview
Was gehört zur Ausrüstung eines Feuerwehrmannes?
Wann ... ?
Wie lange ... ?
Warum ... ?
Wie oft ... ?
Wo ... ?
...

* **Das Interview durchführen**
* **Eine Wandzeitung mit Berichten, Fotos und dem Interview gestalten**

1 Wie soll der Brief lauten?
Setzt euch in Gruppen zusammen und schreibt den Brief.
Oder:
Schreibt an die freiwillige Feuerwehr in eurer Nähe.

2 Schreibt Fragen auf, die ihr dem Feuerwehrmann stellen wollt.

1 Sammelt eure Einfälle zur Feuerwehr auf einem Plakat.

1 Was gehört zur Ausrüstung eines Feuerwehrmannes?
2 Was müssen Feuerwehrleute machen, wenn sie das Alarmsignal hören?
3 Woher weiß ein Feuerwehrmann, was er zu tun hat?
4 Wie viel verdient ein Feuerwehrmann?

2 Herr Schneider ist Branddirektor der freiwilligen Feuerwehr.
Welche Antwort hat er auf welche Frage gegeben?

In den Fahrzeugen hat jeder einen festen Platz und eine feste Aufgabe. In der Ausbildung wird alles so genau geübt, dass die Arbeit in „Fleisch und Blut" übergeht. So kann jeder Feuerwehrmann zu jeder Tages- und Nachtzeit seinen Dienst ausführen.

Feuerwehrhelm mit Nackenleder, Einsatzanzug, Sicherheitsgurt mit Beil, Lederhandschuhe und Sicherheitsstiefel aus Leder.

Die Feuerwehrleute bei der freiwilligen Feuerwehr bekommen kein Geld. Sie arbeiten ehrenamtlich und sind stolz darauf, andern helfen zu können.

Die Feuerwehr löscht nicht nur Brände, sondern hilft auch bei Verkehrsunfällen, fängt entlaufene Tiere ein, schafft umgestürzte Bäume von der Straße. Außerdem wird die Feuerwehr gerufen, um Keller auszupumpen oder andere Schäden durch Unwetter zu beseitigen. Sie hilft auch, wenn bei Unfällen Giftstoffe austreten.

Die Feuerwehrleute arbeiten tagsüber in ihrem normalen Beruf. Wenn sie Alarm hören, müssen sie sofort alles stehen und liegen lassen und zum Feuerwehrgerätehaus fahren.

3 Gestaltet eine Wandzeitung mit Berichten über die Feuerwehr, Fotos und dem Interview.

Pops Lese- und Lollis Rechtschreibforscher-Tipps anwenden; Übungstext abschreiben; Übungswörter trainieren; Wörter mit Dehnungs-h; Wortstamm und Wortfamilie; Wörter mit Ver/ver, Vor/vor; Sätze bilden

So ein Verkehr!

Finn hat ein neues Fahrrad bekommen.
Seine Eltern erklären ihm noch einmal genau, was er im Straßenverkehr wissen muss.
Finn hat aber im Unterricht schon viel geübt und sehr gut aufgepasst. Er bewegt sich sicher im Straßenverkehr und schaut immer genau, bevor er über eine Straße fährt. Er gibt Handzeichen und bremst richtig, damit er nicht stürzt. Nach der Schule fährt er los, um seinen Freund Jonas zu besuchen.
Seine Eltern wünschen ihm eine gute Fahrt.

der Verkehr
das Fahrrad
die Eltern
die Straße
die Hand
die Fahrt
erklären
wissen
üben
bewegen
bremsen
stürzen
besuchen
sicher
richtig

1 Für diese Wörter brauchst du einen Spiegel:

Verkehr Fahrrad stürzen Straße richtig
bewegen bremsen sicher erklären besuchen

2 Hier fehlen **ah**, **äh**, **eh**, **oh**, **öh**, **uh** und **üh**.
Schreibe die Wörter richtig auf. Unterstreiche **ah**, **äh**, **eh**, **oh**, **öh**, **uh** und **üh**.

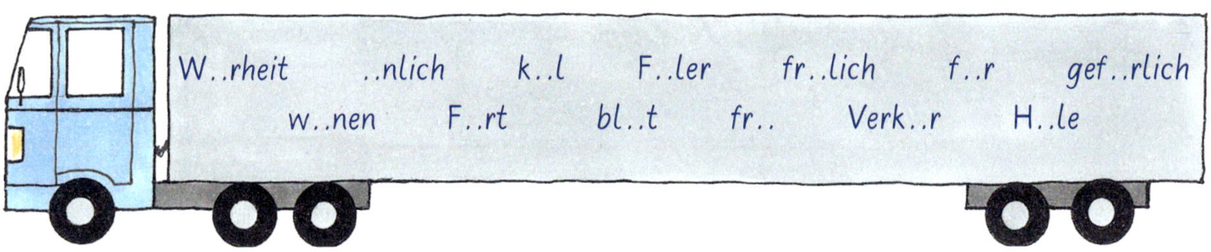

3 Suche zu den Übungswörtern verwandte Wörter. Unterstreiche den Wortstamm.
Fahrt: Fahrrad, fahren, Fahrzeug, Fahrplan, gefahren, ...
bremsen: Handbremse, gebremst, ...
Verkehr: ...

4 Schreibe Wörter mit **Ver/ver** und **Vor/vor**.

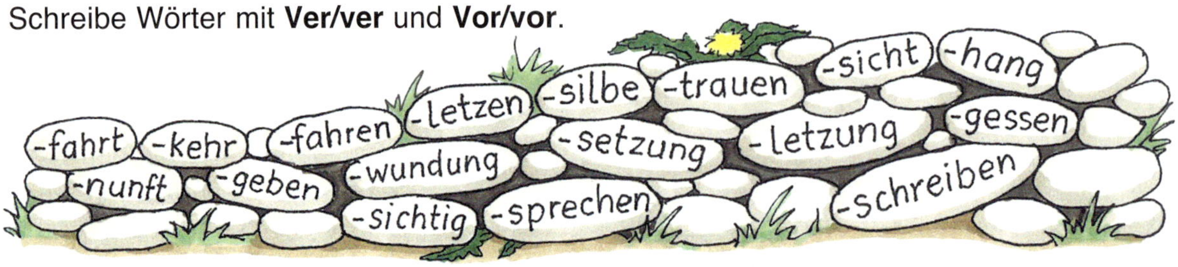

5 Suche dir zehn Wörter aus und schreibe lustige Sätze.

1 Bilde neue Verben mit **fahren**. Ergänze die Sätze mit passenden Verben.

an	über	
ab	ver	
auf	mit	fahren
be	er	
vor	um	

Das muss Finn beachten: Finn muss pünktlich … .
Er darf niemanden … .
Die Baustelle muss er … .
Er muss den Weg zu seinem Freund kennen, um sich nicht zu … .
Er darf auf kein Auto … .

2 Schreibe den Text in der Vergangenheit auf.
Unterstreiche die Verben rot.

Heute übt die Klasse 3 das Radfahren im Straßenverkehr. Zuerst fahren alle auf den Übungsplatz und besprechen die Regeln. Die Lehrerin erklärt das richtige Verhalten beim Linksabbiegen. Alle Kinder machen noch einmal das Handzeichen. Die Lehrerin ermahnt: „Passt besonders gut an der Kreuzung auf und bremst vorsichtig!"

So geht's!

Die Wortfamilie

Jedes Wort hat einen **Wortstamm**, der meist gleich bleibt.
Wörter mit dem gleichen Wortstamm bilden eine **Wortfamilie**, es sind verwandte Wörter.
Wenn du dir das gut merkst, kannst du beim Schreiben viele Fehler vermeiden.

Die Wortfamilie „fahren"

Tipp:
Wenn du nicht weißt, ob du ä oder äu schreiben sollst, dann suche ein verwandtes Wort mit a oder au.
Beispiele: er f**ä**hrt – f**a**hren
die H**äu**ser – das H**au**s

Stell dir vor,
es würde …

keine Feuerwehr ausrücken

keine Eisenbahn fahren

sich keiner um ältere Menschen kümmern

keiner den kaputten Fernseher reparieren

keiner den Müll beseitigen

kein Telefon gehen

1 Wähle dir ein Beispiel aus. Schreibe auf, was alles durcheinandergeraten würde.

Die Aufgaben der Feuerwehr

Die Feuerwehr hat viele Aufgaben. Die älteste Aufgabe der Feuerwehr ist es, Feuer zu löschen. Das habe ich schon einmal gesehen.
Die Feuerwehr hilft, wenn ein Unfall passiert. Dann rettet sie verletzte Menschen.
Die Feuerwehr beseitigt auch Schäden, die ein Unwetter verursacht hat. Die Feuerwehr räumt umgestürzte Bäume von der Straße oder pumpt vollgelaufene Keller aus. Bei meinem Opa hat sie das schon einmal gemacht.
Die Feuerwehr hilft auch, Brände zu verhindern und Menschen zu schützen. Die Feuerwehr prüft zum Beispiel, ob in der Schule der Feueralarm richtig funktioniert. Das finde ich sehr wichtig.

2 Lukas hat einen Sachtext über die Aufgaben der Feuerwehr geschrieben.
Nicht alle Sätze gehören in einen Sachtext.
Überarbeite den Text und schreibe ihn auf.

3 Das sind meine Merkwörter mit
ah, **äh**, **eh**, **ih**, **oh**, **öh**, **uh**, **üh** aus dem Kapitel: …

4 Welche Stolperstellen musst du dir bei diesen Wörtern merken?

kommen   bei   das derrad   sichtig
der sitzende   nehm   der mittag   her
der name   lesen   gestern   stellen

Natur erleben und entdecken

Seltsame Gebilde könnt ihr hier sehen.
Alle sind Teile von Pflanzen, die ihr
euch einmal genauer anschauen solltet –
vielleicht sogar mit einer Lupe.

Bäume – die größten Pflanzen der Erde

Bäume sind die größten Pflanzen, die sich auf der Erde entwickelt haben. Es gibt sie seit über 390 Millionen Jahren. Damals waren sie noch kleiner und sahen aus wie Farne. Nach und nach entwickelten sie sich zu immer größeren Bäumen.
Im Laufe der Zeit entstanden die verschiedensten Baumarten.
Die meisten Bäume haben Blätter – das sind die Laubbäume.
Andere haben Nadeln – das sind die Nadelbäume.
Es gibt mehrere Tausend Baumarten.
Sie unterscheiden sich durch die Blätter, Baumstämme und Wuchsformen. Aber allen Bäumen gemeinsam ist:
Sie haben Wurzeln, einen Stamm und eine Krone.

1 Lies die Überschrift. Überlege, was du von den Bäumen alles weißt.

2 Lies den Text langsam und genau.
Kannst du dir alles vorstellen?

Wie sehen denn Farne aus?

Was ist denn mit Wuchsformen gemeint?

3 Notiere zu diesen Oberbegriffen in Stichwörtern wichtige Informationen.

Alter   Baumarten   Aufbau

Du kannst die Oberbegriffe durch kleine Zeichnungen ergänzen.
Die unterstrichenen Stellen im Text können dir helfen.

4 Fasse mit Hilfe deiner Stichwörter zusammen, was du über Bäume erfahren hast.

5 Was sind Mammutbäume?

So geht's!

Stichwörter aus einem Text herausschreiben:
1. Suche in jedem Abschnitt das Wichtigste zum Thema heraus.
2. Schreibe diese Wörter auf deinen Stichwortzettel. Du kannst sie durch kleine Zeichnungen ergänzen.
3. Prüfe zum Schluss, ob etwas fehlt.

Überall auf der Erde werden Bäume seit uralten Zeiten verehrt.
Von den Wikingern wird folgende Legende erzählt:

Der Weltenbaum

Die drei Reiche – Unterwelt, Erde und Himmel – werden von einem unsterblichen Eschenbaum zusammengehalten. Dieser Weltenbaum trägt den Namen Yggdrasil. Seine Wurzeln reichen tief hinunter in die Unterwelt. Hier haust der gräuliche Drache Nidhöggr und nagt an den Wurzeln. Die Krone des Baums überschattet das ganze Weltall und reicht bis zum Saal der Götter nach Asgard. In den höchsten Gipfeln der Krone wohnt ein mächtiger Adler. Das Eichhörnchen Ratatöskr huscht von oben nach unten, von unten nach oben und trägt giftige Zankworte zwischen dem Drachen und dem Adler hin und her. Denn zwischen den beiden herrscht ewige Feindschaft.

1 Lest den Text. Sprecht über Wörter und Sätze, die ihr nicht sofort versteht.

Richtig oder falsch?

Die Wikinger verehrten eine uralte Eiche.
Sie gaben ihr den Namen Nidhöggr.
Die Wurzeln des Baums gingen tief in die Erde.
Die Krone reichte ganz hoch in den Himmel.
In der Unterwelt hauste der Adler Yggdrasil.
In der Krone wohnte ein böser Drache.
Das Eichhörnchen Ratatöskr sprang zwischen dem Drachen und dem Adler hin und her.

2 Manche Aussagen in dem Text sind richtig, andere falsch.
Schreibe den Text richtig auf.

3 Male den Weltenbaum und seine Bewohner. Dein Bild soll die Geschichte erzählen.
Oder:
Denke dir selbst einen Text über einen Baum und seine Bewohner aus.
Erfinde ungewöhnliche Namen.

4 Stellt euch gegenseitig eure Bilder und Texte vor.

Ein Wald ist mehr als 1000 Bäume

1 Nimm dir einen Moment Zeit und betrachte die Bilder.
Hörst du das Wasser plätschern?
Riechst du das frische Grün im Frühling?

2 Was hast du im Wald bereits erlebt oder entdeckt? Erzähle.

3 Macht einen Waldspaziergang.
Notiert anschließend eure Beobachtungen in Stichwörtern.

4 Auf dem Stichwortzettel stehen einige Wörter mit **aa**, **ee** und **oo**.
Schreibe sie auf ein Merkblatt.
Finde noch andere und schreibe sie dazu.

Beobachtungen im Wald
- am Waldsee: leeres Nest lag am Ufer
- beobachtet: viele kleine Tiere im Moos
- Oliver: graue Tierhaare gefunden
- reife Walderdbeeren gepflückt (nicht gegessen: Fuchsbandwurm!)
- unter großem Stein: 4 Erdläufer, 3 Regenwürmer und über 10 Asseln!
- Ameise: trug eine Fichtennadel
- ein Fliegenpilz: angeknabbert
- tote Bäume im Moor

Wald-Elfchen

1 Warum nennt man dieses Gedicht Elfchen? Erkläre es mit dem Bauplan.

Ein Wort – ein Adjektiv oder ein Nomen
Zwei Wörter – etwas zum ersten Wort
Drei Wörter – Wo oder wie ist es? Was tut es?
Vier Wörter – über mich selbst – „ich“
Ein Wort – Abschluss

2 Suche dir ein Bild aus. Fühle dich in das Bild hinein.
Schreibe ein Elfchen zu deinem Bild.
Oder:
Erinnere dich an etwas, was du selbst im Wald entdeckt hast.
Schreibe dazu ein Elfchen.

3 Lies dir dein Elfchen laut vor. Prüfe:
* Klingt dein Elfchen schön?
* Enthält es einen guten Gedanken?
* Hast du besondere Wörter verwendet?

4 Schreibt eure Elfchen auf Schmuck-Blätter und sammelt sie zu einem Buch.

Mit dem Förster im Wald

1 Wie soll man sich im Wald verhalten?
Welche Regeln kennt ihr noch?

2 Formuliere Regeln für das Verhalten im Wald.
Die Verbformen auf dem Zettel können dir helfen.

Regeln für das Verhalten im Wald
1. Wirf nichts weg! Tiere könnten die Abfälle fressen.
2. ...

Lärme ...!
Wirf ...! Beschädige ...!
Achte ...!
Erschrecke ...!
Pflücke ...! Verletze ...!
Sammle ...!
Benutze ...! Zertritt ...!
...

Im Wald

1 Auf diesen Waldwegen kannst du viele Sätze finden.

2 Unterstreiche in deinen Sätzen
* mit Blau, **wer** oder **was** etwas tut,
* mit Rot, **was** jemand tut.

Vergleicht eure Lösungen.

Ein Satz besteht aus **Satzgliedern**.
Mit der Wer-oder-was-Frage und dem Verb findest du das **Subjekt (den Satzgegenstand)**.
Das Verb im Satz nennt man **Prädikat (Satzaussage)**.
Es sagt etwas über das Subjekt (den Satzgegenstand) aus.
Celina sieht einen Ameisenhaufen.

Waldspaziergang

Wer	fand/sah	was?
…	fand	einen Fliegenpilz
	fanden	einen schönen Stein
	sah	den Specht
	sahen	die Kinder

3 Schreibe die Sätze auf. Unterstreiche in den Sätzen das Subjekt (den Satzgegenstand) mit Blau und das Prädikat (die Satzaussage) mit Rot.
Oder:
Schreibe eigene Sätze. Unterstreiche in deinen Sätzen das Subjekt (den Satzgegenstand) mit Blau und das Prädikat (die Satzaussage) mit Rot.

Die Waldforscher

Oliver und Rica beobachten den Waldboden. Sie setzen sich still auf die Erde und schauen, was sich bewegt. Sie sehen Käfer und viele kleine Tiere, deren Namen sie nicht kennen. Lars pflückt reife Beeren, die an Sträuchern am Weg wachsen. Er weiß, wie sie heißen. Oliver sammelt Pilze. Fast hätte er einen Pilz zertreten. Nico findet ein leeres Nest. Er erkennt Haare, Moos, trockenes Gras und sogar kleine Blüten dazwischen. Mona und Lene messen, wie dick die Baumstämme sind. Das ist lustig.

der Boden
die Erde
die Beere
der Strauch
der Pilz
das Nest
das Haar
das Moos
das Gras
der Stamm
beobachten
pflücken
wachsen
heißen
treten
messen
still
leer
trocken

1 Welche Wörter verstecken sich in den Nestern?

2 Ordne die Übungswörter nach dem ABC.
Oder:
Ordne die Nomen nach dem ABC.
Achte auf den 2. und 3. Buchstaben.
Schreibe so:
B, b: Beere, ...
E, e:

3 Schreibe die Reimwörter auf.

pflücken	*Beeren*	*heißen*	*messen*	*Nest*	*Strauch*
b	*l*	*b*	*fr*	*f*	*B*

4 Was wächst wo?

Die Pilze	wachsen	im Garten.
Viele Sträucher	wächst	im Wald.
Der Baum		überall.
Brombeeren		am Wegrand.
Himbeeren		in Omas Beet.
Gras		an der Hauswand.

1 Baue einen Riesensatz mit den Übungswörtern.

Lars pflückt.
Lars pflückt Beeren.
Lars pflückt Beeren ...

2 Hier findest du viele Subjekte (Satzgegenstände).
Ergänze passende Prädikate (Satzaussagen). Schreibe deine Sätze auf.
Oder:
Schreibe einen Fantasietext mit den Übungswörtern.

Die Beeren *Das weiche Moos* *Der kleine Vogel* *Der Waldboden*

Das trockene Gras *Die bunten Blüten* *Der hohe Strauch*

3 Unterstreiche in jedem Satz von Aufgabe 2 das Subjekt (den Satzgegenstand) blau und das Prädikat (die Satzaussage) rot.

Die Beeren schmecken süß.

4 Manche Wörter stehen spiegelverkehrt.
Schreibe den Text richtig auf.

Nico hat im Wald ein tseN gefunden. Es war schon reel, aber noch ganz. Er untersucht es genau und zeigt es den anderen Kindern. Das tseN ist aus neraaH, menekcort sarG, edrE, sooM und kleinen Blüten gebaut. Es sieht aus wie eine kleine Höhle. Nico gibt das tseN herum. Jeder darf es der Reihe nach anschauen. Im nächsten Jahr will er genau nethcaboeb, wie ein Vogel ein tseN baut.

5 In diesem Text haben sich Nomen versteckt. Denke daran, auch Satzanfänge schreibt man groß.

die waldforscher wollen alles genau beobachten. sie sitzen still auf der erde und schauen den käfern zu. manche kennen sie schon mit namen. oliver und rica staunen, wie viele kleine tiere sich dort bewegen. lars pflückt nur die beeren und pilze, die er gut kennt.

1 Was hast du dir in diesem Kapitel gemerkt?
Schreibe es auf.

Klasse 3b
Förster
Waldspaziergang

Wegrand
lesen
Schild
Waldregeln

Waldboden
Spuren
Wildschweine

lautes Hämmern
Specht
Schnabel
hören

Plastiktüte
liegen
Bank
Waldboden

springen
Eichhörnchen
von Baum zu Baum

Reh
aufscheuchen
zwischen den Bäumen

einige Bäume
verletzt
eingeritzte Rinde

2 Du hast gelernt, dir das Wichtigste aus einem Text in Stichwörtern aufzuschreiben.
Schreibe nun mit den Stichwörtern einen kleinen Text.
Mit jedem Stichwortzettel kannst du einen Satz bilden.
Die Klasse 3b macht mit dem ... .

3 Unterstreiche in jedem Satz das Subjekt (den Satzgegenstand) mit Blau und das Prädikat (die Satzaussage) mit Rot.

Von kleinen, großen und frechen Tieren

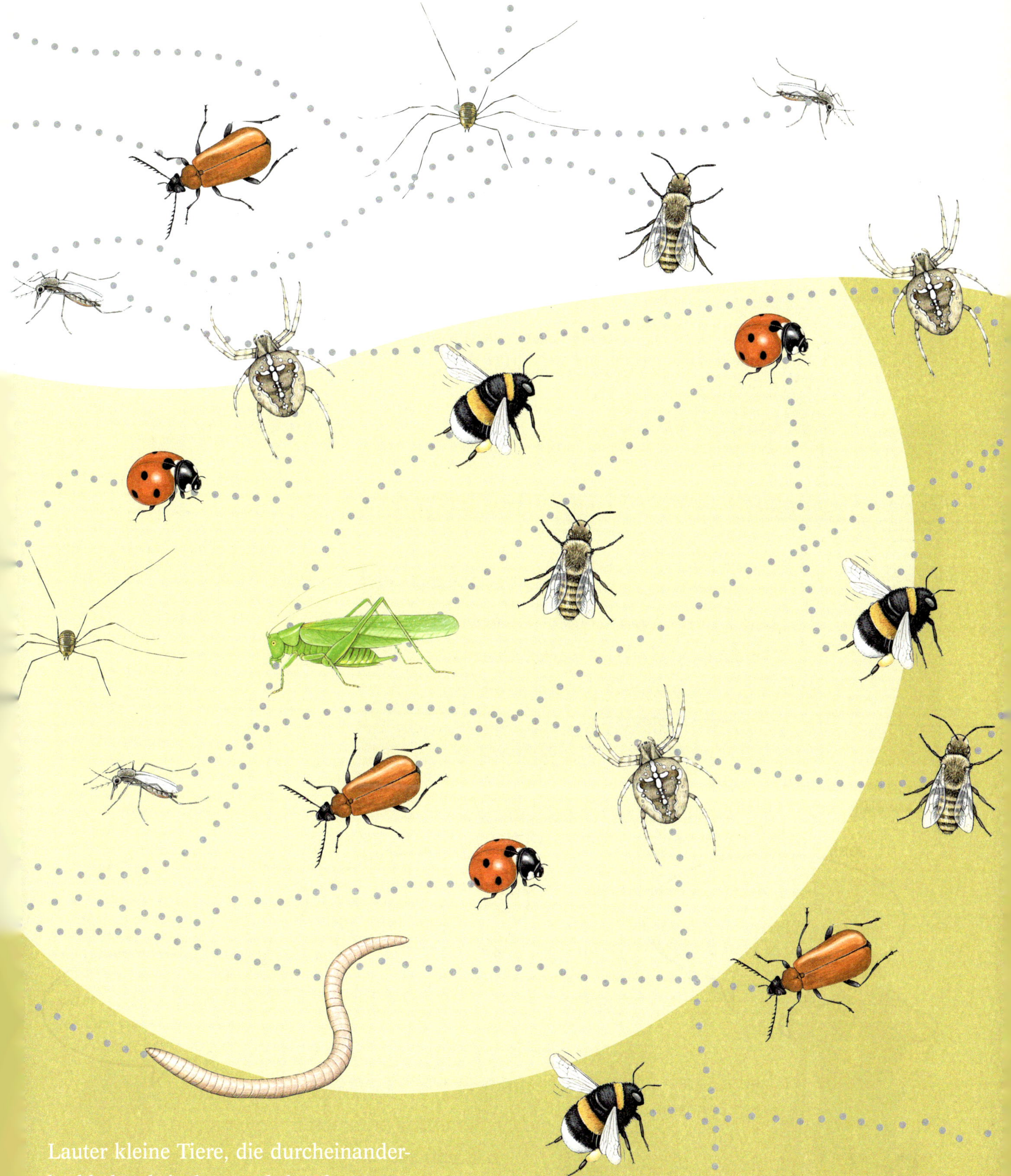

Lauter kleine Tiere, die durcheinander-krabbeln, -kriechen und -hüpfen!
Nur eine Art ist viermal vertreten – welche?

Texten und Bildern Informationen entnehmen;
sich darüber austauschen; in Stichwörtern notieren;
in verschiedenen Medien Informationen beschaffen

Der Igel – eine stachelige Schlafmütze

Der Igel – ein Winterschläfer
Igel leben in Gärten oder Parks. Im Oktober oder November suchen sie sich unter Holzstößen oder Reisighaufen ein Versteck für den Winterschlaf. Sie schlafen mehrere Monate.

Dabei sinkt ihre Körpertemperatur stark ab und das Herz schlägt nur noch zweimal in der Minute. In dieser Zeit zehren sie von ihren Fettvorräten. Im März oder April erwachen die Igel abgemagert und hungrig.

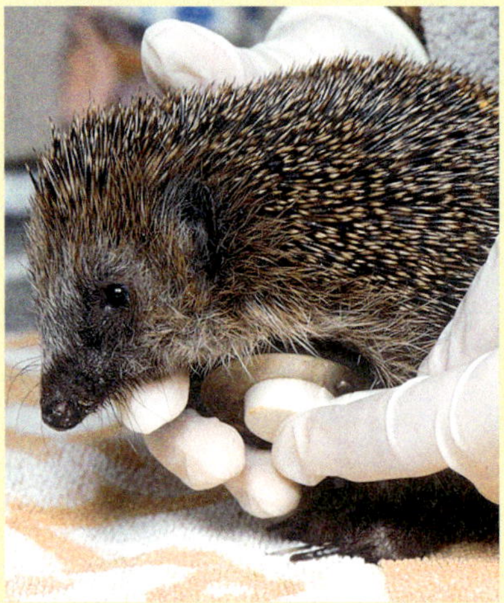

Winterquartier für Igel
Das warme Herbstwetter der letzten Wochen und der plötzliche Kälteeinbruch haben bewirkt, dass manche Winterschläfer wie der Igel zu spät ein Winterquartier gefunden haben. Die Igelstation in Ratingen gibt Ratschläge oder nimmt gefundene Igel auf.

1 Was erfährst du über den Igel?
Erkläre, warum er als „stachelige Schlafmütze“ bezeichnet wird.

2 Erzähle, was du schon über Igel weißt.

3 Schreibe in Stichwörtern auf, was du über den Winterschlaf des Igels erfährst.
Der Igel – ein Winterschläfer
– schläft …

4 Zum Thema „Igel“ gibt es viel zu erkunden und zu erzählen.
Ihr könnt zum Beispiel
* aus Zeitungen Berichte sammeln,
* im Internet suchen,
* in Sachbüchern nachlesen,
* in Büchern nach Geschichten suchen …

Kira, Achmed, Johanna und Fabian haben Fragen zum Igel auf Kärtchen geschrieben.

Auf die Rückseite der Kärtchen schreiben sie in Stichwörtern wichtige Informationen.

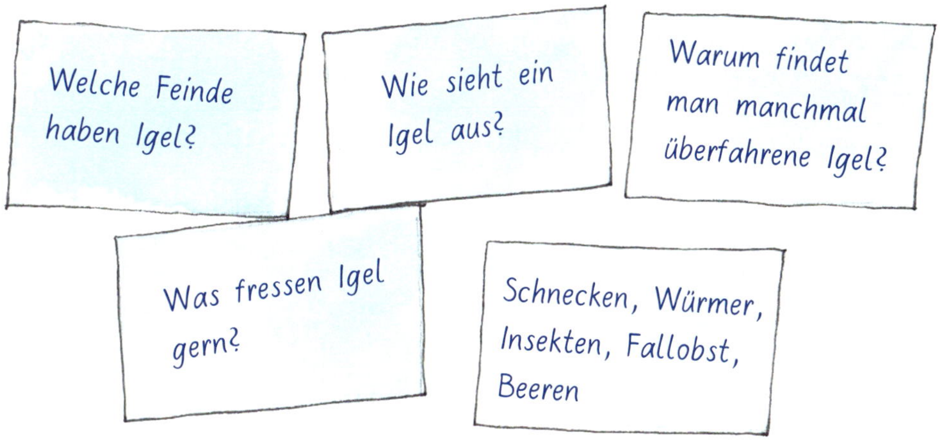

1 Überlegt, was ihr über den Igel herausfinden wollt. Sammelt eure Fragen.

2 Schreibt auf die Rückseite eurer Fragekärtchen wichtige Informationen in Stichwörtern auf.
Oder:
Schreibt zu den Fragen der Kinder wichtige Informationen auf.

3 Entscheidet euch für eine Frage. Überlegt, wie ihr wichtige Informationen anschaulich darstellen könnt (Zeichnungen, Fotos, kleine Texte, Stichwörter …). Gestaltet ein Plakat.

4 Bereitet euch darauf vor, euer Plakat vorzustellen.

5 Präsentiert euer Plakat in der Klasse. Hängt es auf und sprecht dazu.

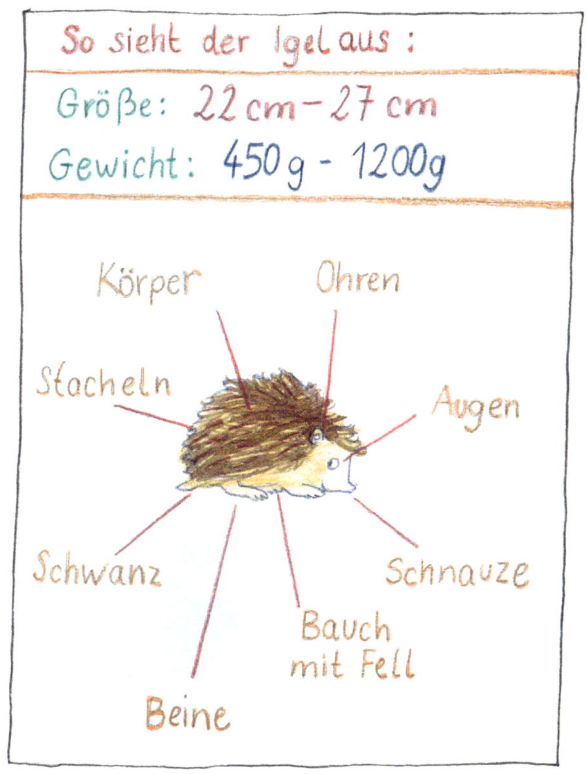

So geht's!

Ein Plakat präsentieren

1. Übe den Vortrag vor dem Spiegel. Sprich laut und deutlich.
2. Überlege genau, wo du stehst.
   Die Zuhörer müssen das Plakat gut sehen können.
3. Sprich frei mit Hilfe der Stichwortkärtchen.
4. Schaue die Zuhörer immer wieder an.
5. Fordere die Zuhörer zum Schluss auf, Fragen zu stellen.

Wissenswertes über kleine Tiere

Gestern habe ich eine Sandwespe gesehen, die hat eine ganz dicke Raupe geschleppt. Die war viel größer als sie selbst. Sie hat die Raupe zu einem Loch im Sand gebracht und versucht, sie hineinzuschieben. Das hat aber nicht geklappt. Die Raupe konnte sich zweimal befreien. Aber die Sandwespe hat sie immer wieder eingefangen. Schließlich ist die Sandwespe selbst in das Loch gekrabbelt und hat die Raupe hinterhergezogen. Nach einer Minute kam sie wieder raus und hat einen kleinen Stein auf das Loch gelegt. Zu Hause habe ich in meinem Insektenbuch nachgeschaut.

Kim

1 Was hat Kim gestern erlebt?
Welche Fragen würdest du Kim stellen?

Wo hast du das gesehen?

?

Woher weißt du, dass es eine Sandwespe war?

2 Was hast du mit kleinen Tieren schon erlebt?
Erzähle dein Erlebnis in der Klasse.
Die anderen Kinder hören gut zu und stellen Fragen, wenn sie etwas nicht verstehen oder mehr wissen möchten.

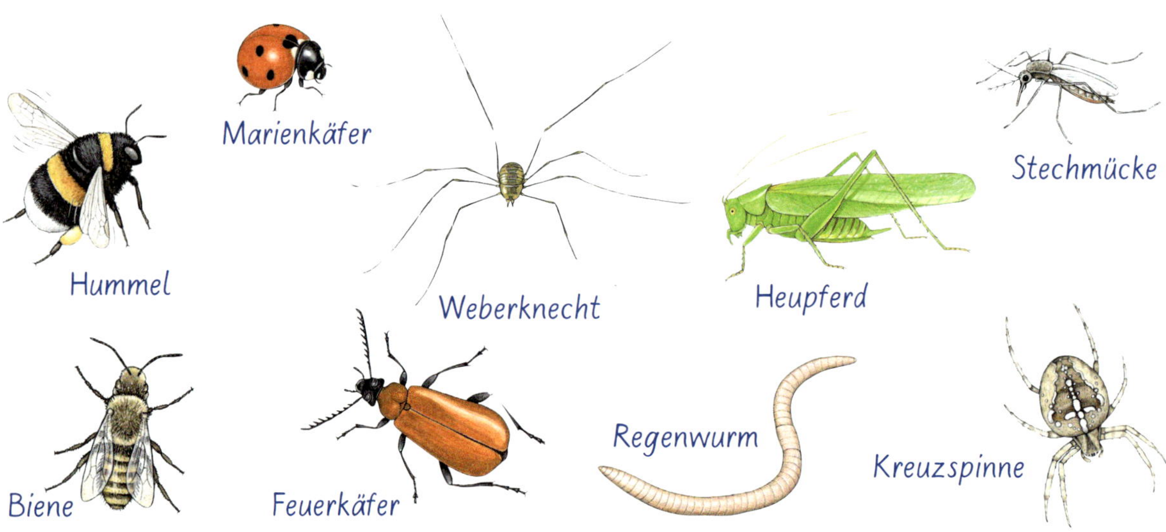

3 Schreibt eure Erlebnisse auf.
Ihr könnt ein kleines Tiererlebnisbuch gestalten.

4 Informiere dich über dein Tier (im Tierlexikon, in Tierbüchern, im Internet, ...).

Flugstrecken in 1 Stunde:

Maikäfer	bis zu 9 Kilometer
Biene	bis zu 22 Kilometer
Libelle	bis zu 30 Kilometer

Alter:

Kreuzspinne	bis zu 1,5 Jahre
Maikäfer	3–4 Jahre
Biene	bis zu 5 Jahre

Größe:

Rote Waldameise	bis zu 9 Millimeter
Ohrwurm	bis zu 15 Millimeter
Kreuzspinne	bis zu 18 Millimeter

1 Wer fliegt am schnellsten?
Wer wird am ältesten?
Wer wird am größten?
Schreibe Vergleiche.
Unterstreiche in deinen Sätzen die Adjektive.

Die Libelle fliegt am schnellsten.
Sie fliegt schneller als … und … .
Die Biene fliegt … .

Mit **Adjektiven** kann man vergleichen.

Grundstufe:
Der Maikäfer fliegt **schnell**.

1. Vergleichsstufe:
Die Biene fliegt **schneller**.

2. Vergleichsstufe:
Die Libelle fliegt am **schnellsten**.

2 Im Tierreich gibt es viele Rekordhalter: schnelle Läufer, tolle Hoch- und Weitspringer, schwere Tiere, langsame Tiere, …
Sammelt Informationen für ein Tierquiz.

Kleine Tiere

Im Garten und auf der Wiese leben viele kleine Tiere. Die Bienen sind fleißi_ und sammeln den Nektar von den Blüten. Kleine flin_e Käfer krabbeln durch das Gras. Ein bun_er Schmetterling tanzt durch die Luft. Heupferde sind interessan_: Sie können hohe und wei_e Sprünge machen. Der Maulwurf arbeitet unter der Erde. Wusstest du, dass er blin_ ist?

3 Welche Buchstaben musst du bei den Adjektiven ergänzen?
Wenn du nicht sicher bist, bilde die 1. Vergleichsstufe.
fleißiger – fleißig, …

4 Schreibe den Text ab. Unterstreiche die Buchstaben, die du eingesetzt hast.

Von Ziegen, schlauen Füchsen und anderen Tieren

Zwei Ziegen begegneten einander auf einer schmalen Brücke, die über einen tiefen Fluss ging. Die eine wollte hinüber, die andere herüber.

So wechselten sie noch viele Worte miteinander. Keine wollte nachgeben. Sie zankten immer mehr und schließlich kam es zum Kampf. Sie rannten zornig aufeinander los, senkten die Hörner und …

1 Lest und spielt die Streitszene mit verteilten Rollen. Probiert, wie ihr die Sätze am besten betonen könnt. Vergleicht die Sprechweise der beiden Ziegen.

2 Ihr könnt die Szene verlängern oder verändern. Überlegt verschiedene Möglichkeiten und spielt sie vor.

3 Schreibt eure Szene auf. Mit Verben aus dem Wortfeld **sagen** könnt ihr ausdrücken, wie die Ziegen miteinander sprechen.
Die braune Ziege ruft: „Geh mir aus dem Weg!“
Die weiße Ziege antwortet: „...“

sagen
sprechen rufen flüstern
schreien meckern
antworten fragen reden
schimpfen
murmeln brüllen loben
meinen
bitten stottern betteln
erklären

Was wörtlich gesprochen wird, heißt **wörtliche Rede**.
Die wörtliche Rede steht in **Anführungszeichen (Redezeichen)**.
Der **Redebegleitsatz** gibt an, wer spricht.
Die Ziege ruft: „Geh mir aus dem Weg!“
Redebegleitsatz Wörtliche Rede

1 Erzähle, wie die Geschichte zu Ende geht.

2 Schreibe das Ende der Geschichte auf. Lass die Figuren sprechen.
Schreibe Redebegleitsätze und wörtliche Rede auf.
Überlege dir einen abschließenden Satz.
Oder:
Schreibe die ganze Geschichte von Anfang an
mit Redebegleitsätzen und wörtlicher Rede.

Eine fabelhafte Geschichte

Ein Rabe hockte auf einem Baum und hielt einen Happen Käse im Schnabel. Der Käseduft lockte einen Fuchs an.
Er sprach zum Raben: O Rabe, was bist du hübsch und singst so schön.
Doch der Rabe schaute nur hochmütig vom Baum herunter.
Darauf säuselte der Fuchs: Du bist der beste Sänger des Waldes, man sollte dich zum König der Vögel machen.
Da riss der Rabe den Schnabel auf, ließ den Käse fallen und schrie: Kraaah, kraaah!
Der Fuchs schnappte den Käse und lachte: Das kommt davon, wenn man …

3 Lies die Fabel. Finde die Stellen, an denen etwas wörtlich gesprochen wird.

4 Schreibe die Fabel vom Fuchs und dem Raben ab.
Setze die wörtliche Rede in Anführungszeichen.
Finde einen passenden Schlusssatz.

5 Fabeln gibt es schon ganz lange. Die ältesten stammen von Äsop.
Versucht, Fabeln von ihm zu finden.

Der kluge Fuchs

Lena hat eine Geschichte von einem Findefuchs gelesen: Eine Füchsin, die jagen wollte, fand ein verlassenes Fuchskind. Sie fasste es mit ihrem Maul und ließ es erst in ihrer Höhle los. Die Fuchskinder schrien böse, denn sie wollten das fremde Fuchskind nicht. Aber die alte Füchsin war freundlich zu dem kleinen Findefuchs. Sie passte auf, dass ihm nichts geschah. Nach kurzer Zeit spielten alle mit dem neuen Bruder. Die jungen Füchse wurden zusammen aufgezogen und vergaßen den Streit.
Lena meint: „Füchse sind kluge Tiere."

der Fuchs
jagen
fassen
sie ließ
schreien
er schrie
aufpassen
ziehen
sie zog
vergessen
er vergaß
klug
böse
alt
freundlich
jung

1 Die Lösungswörter der Geheimschrift stehen bei den Übungswörtern.
1 schrie, ...

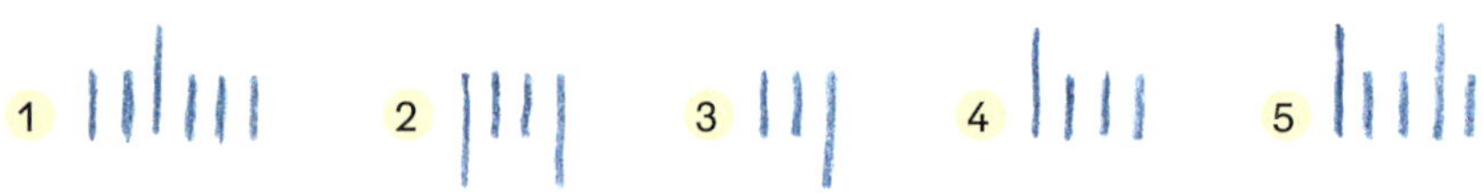

2 Hier steht nur die zweite Silbe der Übungswörter.
Ergänze die Wörter.

..gen ......en ......lich ...ges... ...hen ...pas... ...gaß ...sen

3 Schreibe die Fragen ab und antworte in vollständigen Sätzen.

- Wer hat die Geschichte vom Findefuchs gelesen?
- Was macht die alte Füchsin?
- Was tun die Fuchskinder?
- Warum wollen die Fuchskinder das kleine Fuchskind nicht?
- Was passiert nach kurzer Zeit?
- Wie findest du die Geschichte?

4 Setze die passenden Adjektive ein.

Der Fuchs ist ..., der ... Fuchs.
Das Fuchskind ist ..., das ... Fuchskind.
Der Findefuchs ist ..., der ... Findefuchs.
Die Fuchskinder sind ..., die ... Fuchskinder.
Die Fuchsmutter ist ..., die ... Fuchsmutter.

freundlich böse klein fremd offen klug

1 Schreibe den Text richtig auf. Setze die wörtliche Rede in Anführungszeichen.
Die alte Füchsin sagte: „Das kleine Fuchskind … .“

Die alte Füchsin sagte: Das kleine Fuchskind bleibt jetzt bei uns, es ist so allein. Die Fuchskinder schrien: Wir wollen es nicht in unserem Bau, es soll wieder verschwinden. Doch die Fuchsmutter schimpfte: Seid nicht so böse, es wird sterben. Draußen ist es zu gefährlich. Die Fuchskinder stotterten: Das wussten wir nicht. Wir versprechen dir, mit unserem neuen Bruder zu spielen.

2 Die Fuchskinder vergleichen sich. Schreibe die Sätze ab.
Unterstreiche die Vergleichsstufen des Adjektivs.

3 Ordne die Adjektive nach ihren Vergleichsstufen in die Tabelle ein.

Grundstufe	*1. Vergleichsstufe*	*2. Vergleichsstufe*
gut	*besser*	*…*

gut schneller mehr klüger am schnellsten
am besten klug am meisten am klügsten
am höchsten schnell hoch viel besser höher

So geht's!

Wortarten erkennen – der Adjektiv-Trick
Probiere, ob du mit dem Wort etwas vergleichen kannst.
Beispiel:
Tim ist **schnell**.
Jana ist **schneller**.
Deniz ist am **schnellsten**.

Das wollte ich schaffen:

Ich wollte im Internet etwas über den Igel suchen.

Wie schwer war das für mich? 😐

Wie sehr habe ich mich angestrengt? 🙂

Habe ich geschafft, was ich wollte? 🙂

Warum? *Ich habe geschafft, was ich wollte, weil ich mich schon gut mit dem Internet auskenne.*

Wie fühle ich mich jetzt? 🙂

Valentin

1 Was wolltest du schaffen?
Schreibe, wie Valentin es dir gezeigt hat.

Im Internet etwas über den Igel suchen.

Ein Plakat über den Igel gestalten.

Den anderen mein Erlebnis mit … erzählen.

Die Ziege in der Spielszene spielen.

Das Wortfeld sagen lernen.

Die Rekordhalter im Tierreich vergleichen.

?

Wenn Tiere sich streiten …

Die Waldspitzmaus piepst:	Ätsch! Ich krieche am schnellsten.
Darauf erwidert die Fliege:	Springen ist toll, aber kannst du auch tief tauchen?
Gleich quakt der Grasfrosch:	Mein Hals ist lang, ich brauche nicht zu tauchen.
Da ruft das Eichhörnchen:	Passe auf! Ich fange dich, denn ich kann hoch springen.
Schon wispert der Haubentaucher:	Ich bin klein aber furchtlos.
Stolz schnattert der Höckerschwan:	Ich springe aber weiter als du.
Und die Ringelnatter lispelt:	Ich bin winziger, aber ich kann fliegen.

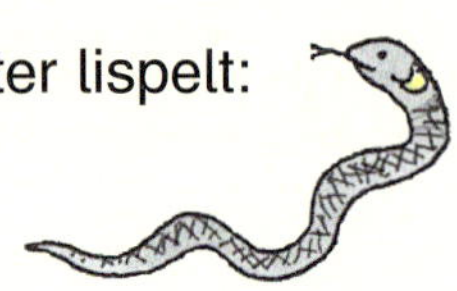

2 Ordne den Redebegleitsätzen die passenden wörtlichen Reden zu.
Schreibe sie auf. Überlege, woran du denken musst.

Ab heute essen wir anders?

Der Künstler Twan de Vos hat die drei Spagetti-Esser gemalt.
In das untere Bild haben sich 10 Fehler eingeschlichen.
Findest du sie?

... macht uns stark und schlapp

Das Lieblingsessen

Björns Mutter hat Schnitzel mit Kartoffelpüree gekocht. Das ist Björns Lieblingsessen! Aber heute mag er nur vier Gabeln voll. Lustlos sitzt er vor seinem Teller. „Warum schmeckt es dir denn nicht?“, fragt seine Mutter. Björn zuckt mit den Schultern. Vom Streit mit seinem Freund Alex mag er nichts erzählen. Da klingelt das Telefon. „Es ist Alex“, ruft die Mutter. Björn flitzt ans Telefon. Plötzlich hat er einen Riesenhunger!

Damit ich beim nächsten Spiel auf dem Fußballplatz fit bin und gut kicken kann, esse ich vor allem gesunde und vitaminreiche Sachen. Trinken ist auch sehr wichtig, aber lieber Tee und Mineralwasser als süße Getränke mit viel Zucker.

1 Was erzählen die Texte und Bilder vom Essen?

2 Schreibe und male deine Geschichte vom Essen.
Meine Geschichte vom Essen

3 Was macht Appetit? Was verdirbt den Appetit?

4 Auf dieser Seite sind jeweils sechs Wörter mit **ck** und mit **tz** enthalten. Schreibe die Wörter heraus. Kennzeichne den kurzen Selbstlaut.
ck: schmeckt, ...
tz: ...

Der Dickmacher Fastfood
Was sind die Dickmacher?

ERST DICK, DANN KRANK
Kinderärzte schlagen Alarm.

Der richtige Speiseplan!
Statt süßer und fettiger Lebensmittel sollten Obst und Gemüse, Getreideprodukte, Getränke wie Tee und Mineralwasser und Milchprodukte auf dem Speiseplan stehen.

Kids ohne Power!
Viele Kinder essen zu viel und bewegen sich zu wenig.

1 Um welches Thema geht es in den Schlagzeilen?
Was weißt du darüber?

2 Erkunde, welche Lebensmittel für eine gesunde Ernährung wichtig sind.

Fit durch Vitamine
Heute soll es Florians Lieblingssalat geben.
Florian hilft seiner Mutter bei der Zubereitung.
Zuerst wäscht Florian die Tomaten. Die Mutter schneidet die Tomaten in acht Stücke.
Florian wäscht in der Zeit die Basilikumblätter.
Anschließend pflückt Florian die Basilikumblätter vom Stiel. Große Blätter halbiert er.
Dann füllt Florian Jogurt, Schafskäse und Quark in den Mixer und drückt auf den Knopf. Schon ist der Jogurt fertig.
Die Mutter schmeckt den Jogurt mit Salz und Pfeffer ab und gießt den Jogurt in die Schüssel.
Dann stellt die Mutter die Tomaten hochkant in die Schüssel und steckt die Basilikumblätter dazwischen.
Nun ist der Salat fertig!

3 Lies den Text genau. Kannst du dir alles vorstellen?

4 An welchen Stellen kannst du Nomen durch Pronomen (Fürwörter) ersetzen?
Schreibe deinen Text auf.

5 An apple a day keeps the doctor away!
Was bedeutet dieser englische Satz?

Ein Apfel täglich bloß, macht den Doktor arbeitslos!

über Tischsitten in anderen Ländern und zu Hause sprechen;
Texte zum Thema „Essen“ und „Tischsitten“ schreiben;
Wörter für „Guten Appetit“ in anderen Sprachen plakatieren

Tischsitten – überall auf der Welt

Ayoub

Ayoub ist neun Jahre alt. Er lebt mit seinen Eltern und seinen Schwestern Iman und Houda in der Nähe von Rabat. Das ist die Hauptstadt von Marokko. Ayoub isst am liebsten Tajine. Das ist ein Gericht aus Fisch oder Fleisch und Gemüse, das in einem Kochtopf aus Ton zubereitet wird. Zum Essen benutzt er nur die rechte Hand und Stücke des knusprigen Fladenbrots. Mit einem Stück Brot nimmt er etwas Fleisch oder Gemüse und isst es. Zum Essen trinkt er meist Wasser, manchmal aber auch süßen Pfefferminztee.

Guo Shuang

Guo Shuang ist sieben Jahre alt. Sie lebt mit ihren Eltern und ihren Großeltern vor den Toren Pekings, der Hauptstadt von China. Guo Shuang isst am liebsten Reis mit Gemüse und Fisch. Fleisch mag sie nicht besonders. Zum Essen benutzt Guo Shuang ihre Stäbchen. Schon als sie klein war, konnte sie mit ihnen nicht nur Reis und Gemüse essen, sondern auch Erdnüsse ganz genau greifen und in den Mund stecken. Beim chinesischen Essen gibt es keine so großen Stücke. Fleisch, Fisch und Gemüse wird klein geschnitten. Zum Essen trinkt Guo Shuang meistens grünen Tee.

1 Die Texte erzählen, welche Essgewohnheiten es bei Ayoub und bei Guo Shuang zu Hause gibt. Was ist dir bekannt? Was ist dir fremd?

2 Welche Essgewohnheiten aus aller Welt kennt ihr noch?

3 Wie wird bei dir zu Hause gegessen?
Schreibe einen Text über eure Essgewohnheiten.
Du kannst auch dazu malen, ein Foto aufkleben oder ein Bild ausschneiden und aufkleben.

4 In Deutschland sagt man „Guten Appetit“, wenn das Essen beginnt.
Wie sagt man dazu in anderen Ländern?
Schreibt es auf ein Plakat.

Der Doppelkreis

Der **Doppelkreis** ist eine Gruppenarbeit, die sich für das gemeinsame Erarbeiten langer Texte eignet. Es gibt zwei Phasen.

Phase 1: Zum Experten werden

1. Teilt die Klasse in **zwei Gruppen**.
   Jede Gruppe entscheidet sich für einen der Texte.
   In jeder Gruppe arbeiten immer zwei Kinder zusammen.

2. Notiert mit eurem Partner zu diesen Fragen wichtige Informationen auf Kärtchen:
   * Wo wohnt …?
   * Was isst … am liebsten?
   * Wie isst …?

3. Übt mit eurem Partner, den Inhalt des Textes genau zu erzählen.
   Versucht, mit Hilfe der Stichwörter frei zu sprechen.

Phase 2: Expertenwissen weitergeben und von anderen aufnehmen

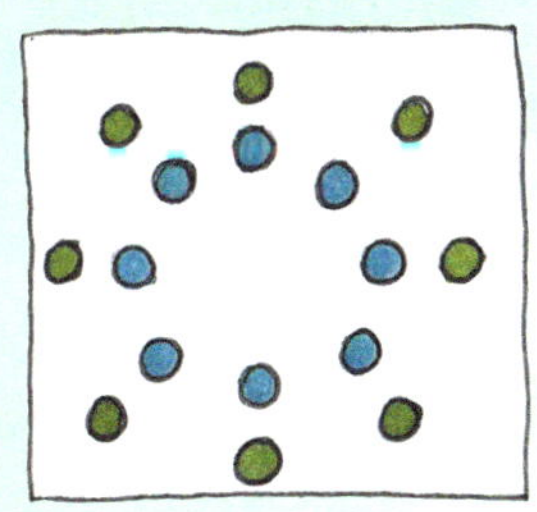

1. Bildet einen **doppelten Stuhlkreis** mit einem Außen- und einem Innenkreis.
   Die Kinder im Innenkreis sind die Experten für Ayoub, die Kinder im Außenkreis die Experten für Guo Shuang.
   Immer zwei Kinder sitzen sich gegenüber.

2. Erzählt euch gegenseitig, was ihr über Ayoub und Guo Shuang erfahren habt.
   Hört einander aufmerksam zu.

3. Jedes Kind rückt einen Stuhl weiter, sodass neue Paare entstehen. Erzählt euch noch einmal gegenseitig, was ihr über Ayoub und Guo Shuang gelesen habt.
   So lernt ihr, nach und nach frei zu sprechen.

Eine Reise …

1 **Wo** seid ihr gelandet? **Was** habt ihr erlebt?
Schreibt Wörter und Ideen zu dem Geschichtenanfang auf ein großes Blatt Papier.

2 Verbindet die Wörter und Ideen miteinander, die besonders gut zusammenpassen.

Eine süße Landung

Gestern schmeckte mir das Mittagessen gar nicht. Da schnipste ich dreimal mit den Fingern und schon war ich im Schlaraffenland.

Toll. Da stand ja ein Lutscherbaum. Ich stieg hinauf und wollte gerade einen Lutscher abpflücken, da krachte es und der Zuckerast, auf dem ich saß, brach ab. Oh je. Ich fiel und fiel und landete ganz weich mitten auf einem Gummibärchenberg.

Dort machte ich es mir gemütlich.

Nina

1 Lies Ninas Geschichte. Wie viele Teile hat ihre Geschichte? Was erzählt sie darin?

2 Schreibe mit Hilfe eurer Ideensammlung eine Geschichte. Baue deinen Text wie Nina auf.

3 Übe, deine Geschichte vorzulesen. Lies deinen Text erst leise, dann halblaut. Überlege, welche Wörter du betonen möchtest. Mache beim Lesen kleine Pausen.

So geht's!

Eine Geschichte aufbauen

1. Dein Text braucht eine **Einleitung**. Darin erzählst du, wie die Geschichte losgeht.
2. Der wichtigste und längste Teil ist der **Hauptteil**. Hier erzählst du ausführlich, was geschieht.
3. Denke dir einen guten **Schluss** aus.
4. Suche dann eine passende **Überschrift**.

4 Trage deine Geschichte in der Klasse vor. Achte auf die Zuhörer.

Ein süßer Traum

In der Nacht hatte Sven einen Traum. Er lief durch einen schönen Garten. Stellt euch vor, auf den Bäumen wuchsen kleine Herzen aus Schokolade. An den Sträuchern hingen viele süße Sachen. Aus einer Quelle kam Tee heraus, der ganz frisch schmeckte. Aber der Berg gefiel Sven am besten. Unten gab es Fleisch und Fisch, darüber lag eine Menge Obst: Äpfel, Beeren und Birnen und dazwischen ein paar Kartoffeln. Oben auf dem Berg entdeckte Sven Quark mit bunten Zuckerstücken. Das ist ja wie im ..., dachte er, als der Wecker klingelte.

das Herz
die Quelle
der Berg
das Fleisch
der Fisch
die Menge
das Obst
die Kartoffel
der Quark
der Zucker
es hing
es gefiel
es gab
er dachte
süß
frisch
heraus
ganz

1 Ordne die Übungswörter nach dem ABC.

2 Bilde Wörter mit **ück** und **itz**. Schreibe sie auf.
Kennzeichne den kurzen Selbstlaut mit einem Punkt.
das Stück, ...
spritzen, ...

pfl	M	St		en
dr	Br	Gl	ück	e
b	gl	R		lich

H	Bl	R		e
W	spr	schw	itz	eln
bl	k	s		en

3 Wie heißen die Wörter? Setze die Silben zusammen und schreibe sie auf.
Zeichne die Silbenbögen dazu: *lecker, ...*

set	ba	Zu	blit	put	pflü	Tat	le
cken	cker	zen	cken	zen	zen	cker	ze

4 In jedem Zopf stecken zwei Wörter mit **Kartoffel**: *die Backkartoffel, ...*
Schreibe mit einigen Nomen Sätze.

1 Setze die Nahrungsmittel richtig zusammen. Unterstreiche die vielen Mitlaute in der Mitte der Wörter.
der Obstsaft, …

2 Wer ist hier wohl gemeint? Ersetze die Pronomen (Fürwörter) durch die passenden Nomen. Schreibe die Sätze auf.

Er träumte vom Schlaraffenland.	Herzen aus Schokolade
Sie wuchsen an den Bäumen.	Der Berg
Er kam aus einer Quelle.	Das Obst
Er gefiel Sven am besten.	Sven
Es lag über dem Fleisch und dem Fisch.	Der Wecker
Er klingelte, als Sven in ein süßes Herz biss.	Frischer Tee

3 Ordne die verwürfelten Sätze. Schreibe für jeden Satz zwei Möglichkeiten auf. Überlege, woran du denken musst.

TRAUM HATTE MERKWÜRDIGEN GESTERN SVEN EINEN

SAH AUS ER HERZEN LAKRITZ BÄUMEN AN DEN HÄNGEN

AM GEFIEL BESTEN IHM QUELLE DIE MIT APFELSAFT FRISCHEM

ENTDECKTE AUF BERG ER EINEM ZUCKERSTÜCKE BUNTE

FRÜH WECKER LEIDER KLINGELTE DER

4 Setze die Verben in der richtigen Vergangenheitsform in den Text ein. Schreibe den vollständigen Text auf.

Gestern … Sven einen aufregenden Traum. Er … durch einen großen Garten. Plötzlich … er eine seltsame Quelle, es … süßer Saft heraus. Sven … sofort an das Schlaraffenland und … sich weiter um. Er … kaum glauben, was er dort alles … . Es … viele leckere Sachen. Am besten … ihm der Lutscherbaum. Er … sich gerade einen Lutscher abpflücken, da … der Wecker.

wollen	*sprudeln*	*finden*
denken	*laufen*	*gefallen*
geben	*sehen*	*schauen*
können	*haben*	*klingeln*

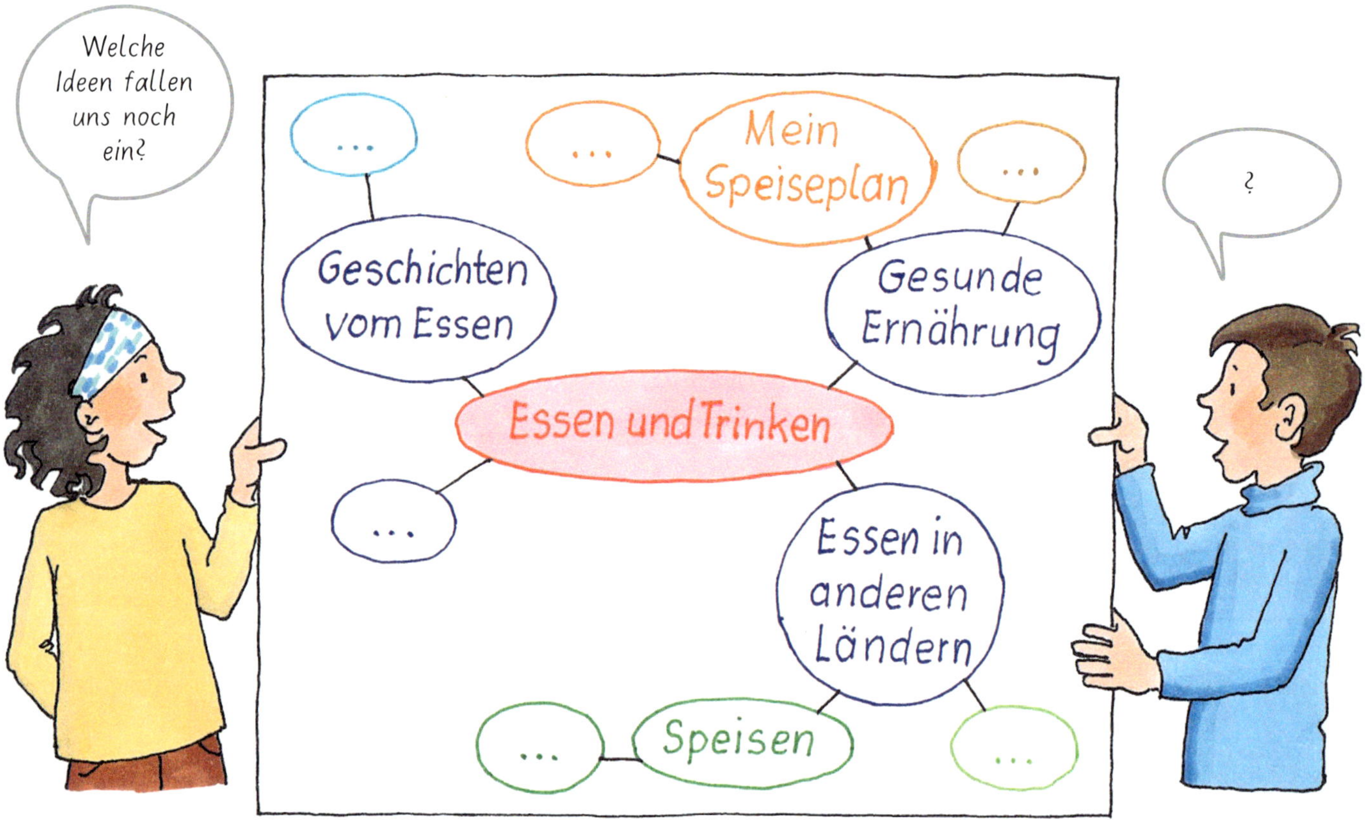

1 Was fällt dir zum Thema „Essen und Trinken“ ein?
Schreibe deine Ideen auf.

Richtig oder falsch?
Guo Shuang erzählt, wie man in Marokko isst.
Tajine ist ein Gericht aus Reis oder Nudeln und Gemüse.
In China isst man mit Stäbchen.
In Marokko benutzt man zum Essen nur die linke Hand.
Guo Shuang isst am liebsten Reis mit Gemüse und Fleisch.
Ayoub lebt mit seinen Eltern und seinen beiden Schwestern vor den Toren Pekings.
Zum Essen trinkt Guo Shuang meistens Wasser.
Ayoub trinkt zum Essen manchmal süßen Pfefferminztee.

2 Manche Aussagen sind richtig, andere falsch.
Schreibe die Sätze richtig auf.

3 Welche Stolperstellen musst du dir bei diesen Wörtern merken?
Was weißt du schon von den Wörtern?

je … t, zurü …, der Sa …, di …, sie pu … en, spi …, er de … t,
ich verle … e, der Schmu …, tro … en, die Pfü … e, die Hi … e, er schlu … t

Zeit mit Medien

Louisa und Erkan sind große Comic-Fans. Sie haben aus dem Internet die Bilder von bekannten Comic-Figuren auf den Computer geholt: zwei Comic-Pärchen und acht einzelne Figuren.
Doch leider ist auch das gefräßige Virus „roter Wolf" mit über die Datenleitung gekommen.
Findet ihr heraus, wer hier angeknabbert wurde?
Mit der Tastatur auf dem Bild könnt ihr die Namen schreiben.

Informationen aus einem Diagramm entnehmen;
eine Umfrage machen; über Realisierungsformen
der Umfrageergebnisse entscheiden

Fernsehen, Bücher und noch mehr

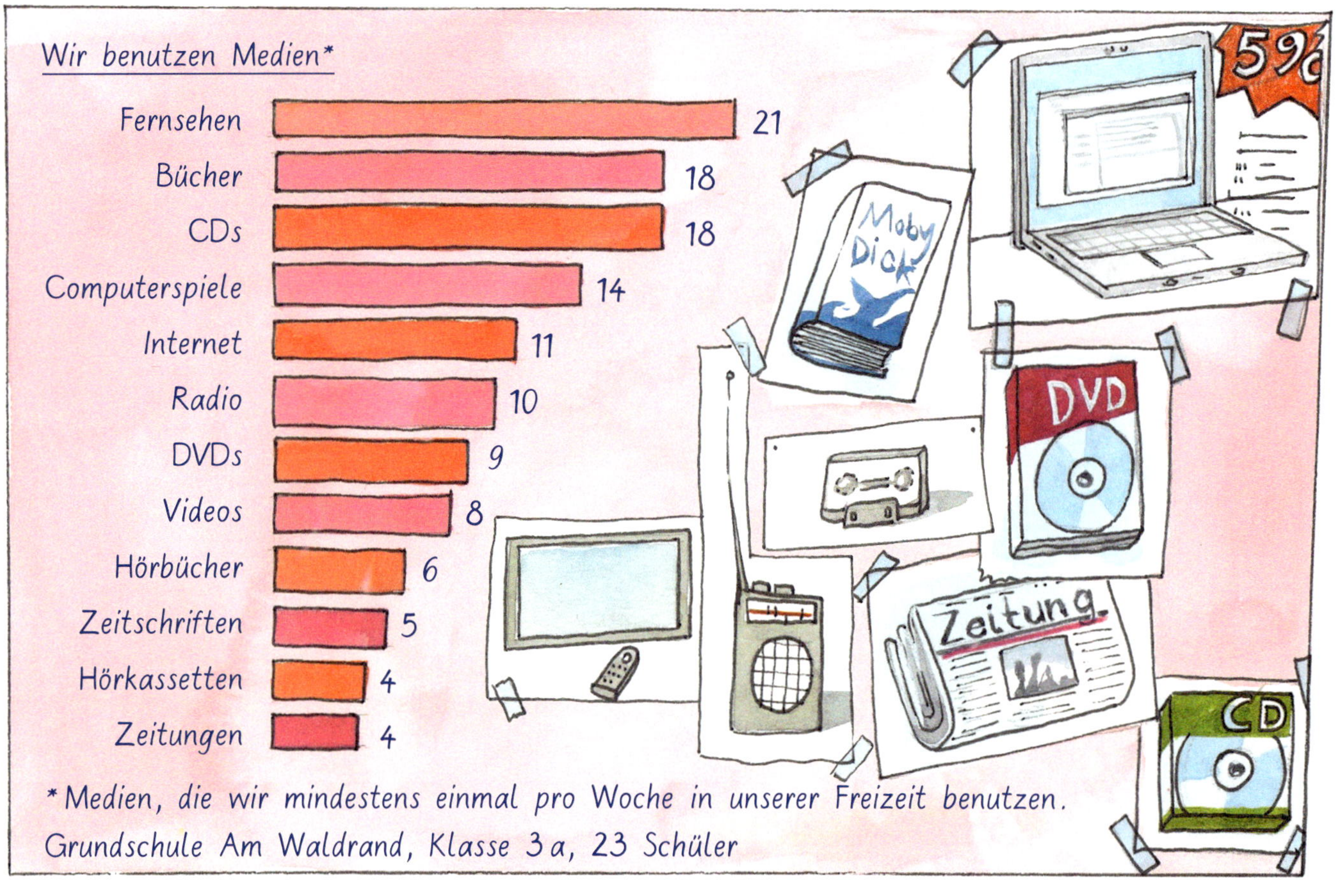

1 Erklärt das Diagramm. Die Fragen können euch helfen.

Was wurde gefragt?

Wie viele Kinder wurden befragt?

Welche Ergebnisse findet ihr besonders interessant?

2 Macht eine Befragung in der Klasse. Welche Medien benutzt ihr in eurer Freizeit?
So könnt ihr vorgehen:

* Schreibt die Medien, die ihr benutzt, auf ein Plakat.
* Jedes Kind darf einen Punkt hinter die Medien malen, die es mindestens einmal pro Woche benutzt.

3 Stellt die Ergebnisse eurer Befragung dar.
Es gibt verschiedene Möglichkeiten:
Diagramm, Tabelle, Sachtext oder Strichliste.

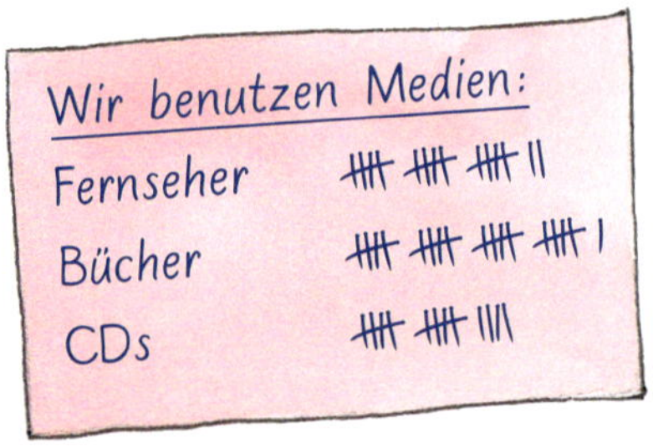

4 Welche Medien haben eure Großeltern benutzt, als sie Kinder waren?

Meinungen rund ums Fernsehen

1 Was haltet ihr von diesen Meinungen zum Fernsehen?

2 Macht eine Gegenüberstellung.
Ordnet die Aussagen aus den Sprechblasen ein.
Ergänzt sie mit euren eigenen Meinungen.

Pro Was am Fernsehen gut sein kann	Kontra Was am Fernsehen stören kann
...	...

3 Denkt euch ein Streitgespräch zum Thema „Fernsehen“ aus.
Das können eure Themen sein:

* Was
* Wie lange
* Wann
* ...

} dürfen Kinder fernsehen?

Spielt euer Gespräch.

einen Textanfang nach Vorgaben weiterschreiben;
einen besonderen Gedanken für die Geschichte überlegen;
den eigenen Text prüfen

Fernsehabenteuer

Jan und sein kleiner Bruder waren allein zu Hause. Jan freute sich, jetzt konnte er doch den Gruselfilm anschauen. Er knipste das Licht aus und kuschelte sich mit seinem Bruder auf dem Sofa in eine Decke. Der Film begann. Doch was war das? Plötzlich war das Wohnzimmer verschwunden und …

Jan stand

in einem dunklen Wald.
vor einer verfallenen Hütte.
am Eingang einer Höhle.

Ein mächtiger Ritter
Ein schrecklicher Drache
Eine hässliche Alte

kam auf ihn zu und rief:

„Steig auf mein Pferd!“
„Du hast mich geweckt!“
„Ich habe dich schon erwartet.“

Jan hatte

keine Angst.
große Angst.

Er

grüßte freundlich.
stieg auf das Pferd.
blieb unbeweglich stehen.

Neugierig
Erstaunt
Erschrocken

fragte Jan:

„Woher kennst du mich?“
„Was willst du von mir?“
„Wohin reiten wir?“

…

1 Schreibe die Geschichte so weiter, wie sie dir am besten gefällt. Überlege dir einen besonderen Gedanken für deine Geschichte.

2 Wenn du deinen Text fertig geschrieben hast, nimm ihn noch einmal unter die Lupe. Lies ihn sorgfältig durch und prüfe ihn:
* Hat deine Geschichte einen besonderen Gedanken?
* Ist der Text verständlich?
* Gibt es Wortwiederholungen?
* Stimmt die Zeit?

Jan stand in einem dunklen Wald. Ein mächtiger Ritter kam auf ihn zu und rief: „Steig auf mein Pferd." Jan hatte keine Angst. Er stieg auf das Pferd. Neugierig fragte Jan: „Wohin reiten wir?" Sie ritten durch den dunklen Wald. Sie kamen an ein großes, finsteres Schloss. Sie gingen hinein. Es war niemand dort. Jan sah ein schwarzes Loch. Jan sagte: „Was ist das?" Der Ritter gab ihm ein Goldstück und sagte: „Wenn du dieses Goldstück reinwirfst, kommst du nach Hause." Jan schmiss es schnell hinein. Er war wieder zu Hause. War alles nur ein Traum?

Tom

1 Lies Toms Text. Was gefällt dir? Was gefällt dir nicht?

Tom hat seinen Text Julian und Luzie zu lesen gegeben. Das sind ihre Hinweise:

Text von Tom	Das hat mir gut gefallen.	Ich habe noch Fragen. Das ist mir aufgefallen.	Vorschläge, was du ändern könntest.
Luzie	großes, finsteres Schloss	Wie sah es in dem Schloss aus? Im Text steht oft: sagte	Du kannst schreiben: rief, erklärte, sprach.
Julian	Dass alles nur ein Traum war.	Einige Sätze fangen gleich an.	Statt Jan kannst du manchmal er sagen.

2 Versuche, Toms Text mit Hilfe der Hinweise zu überarbeiten.

3 Gib deinen Text zwei anderen Kindern zu lesen oder lies ihnen den Text vor. Bitte sie, die Hinweise zu deinem Text in einer Tabelle zu notieren. Die Überschriften für die Spalten könnt ihr gemeinsam überlegen.

4 Überarbeite deinen Text mit Hilfe der Hinweise. Schreibe ihn noch einmal sauber ab.

So geht's!

Der Geschichtenrat

1. Wenn du deinen Text fertig geschrieben und unter die Lupe genommen hast, gib ihn an zwei andere Kinder. Sie sind deine Experten.
2. Bitte sie, deinen Text aufmerksam zu lesen und Hinweise zu notieren.
3. Im **Geschichtenrat** kannst du dir von deinen Experten helfen lassen.
4. Die Experten sagen immer zuerst, was sie an dem Text gut finden.

Projekt: Ein Bilderbuch-Kino

Material

ein schönes, nicht zu dickes Bilderbuch

ein Karton für das Bilderbuch-Kino

eine dicke Rolle mit festem Papier

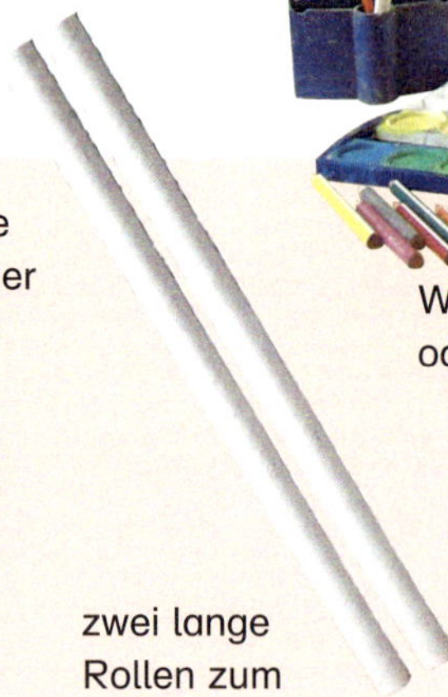

zwei lange Rollen zum Aufwickeln

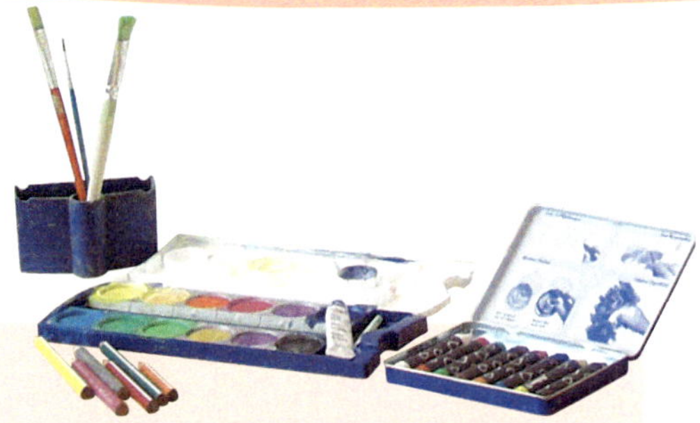

Wachsmalstifte oder Wasserfarben

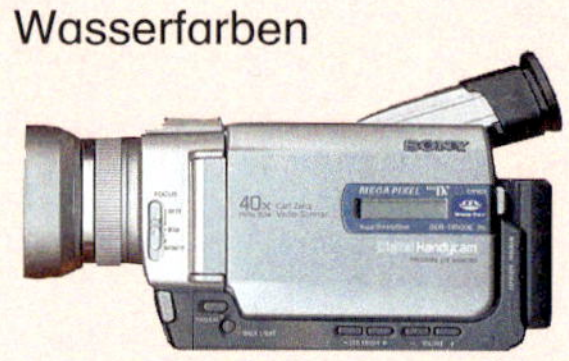

eine Video-Kamera, um die Vorführung zu filmen

Vorbereitung

Das Bilderbuch gemeinsam lesen und den Text in Abschnitte teilen.

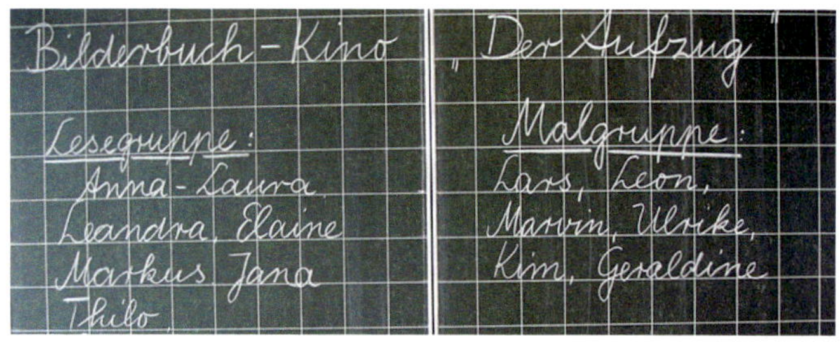

Arbeitsgruppen bilden: eine Lesegruppe und für jeden Textabschnitt eine Malgruppe.

Arbeit in den Malgruppen

Besprechen, welche Bilder zu den Textabschnitten passen. Festlegen, wer welche Bilder malt.

Die Tische in eine lange Reihe stellen. Das Papier ausrollen. Umrisse und Reihenfolge der Bilder auf dem Papier markieren.

Bilder mit Wachsmalstiften oder mit Wasserfarben malen.
Wenn sie fertig und trocken (!) sind, auf einer langen Rolle aufrollen.

Arbeit in der Lesegruppe

Überlegen, wie viele Personen sprechen. Gibt es einen Erzähler? Die Rollen verteilen.

Den Text mit verteilten Rollen lesen. Die Betonung üben. Klar und deutlich sprechen.

Vor der Vorführung

Das Bilderbuchkino zusammenbauen.

Proben, den Text zu den Bildern zu sprechen. Das Abspielen probieren.

Publikum zur Vorführung einladen!

Vorführung

Das Bilderbuch-Kino vor Publikum vorführen. Die Vorführung filmen.

Fernsehen

In unserer Familie gibt es manchmal Streit um das Fernsehprogramm. Meine kleinere Schwester möchte immer allein wählen, welche Sendung wir schauen. Sie will am liebsten lustige Trickfilme sehen. Aber mir gefallen spannende Filme besser. Mein Bruder findet die Werbung am besten. Beim Sport sitzen alle pünktlich vor dem Fernseher, nur mein Vater arbeitet dann lieber am Computer. Wenn unsere Lieblingsmannschaft gewinnt, sind wir alle froh. Wenn sie verliert, wird mein Bruder böse. Ich finde das nicht so schlimm. Im nächsten Spiel wird sie sicher wieder gewinnen.

die Familie
der Streit
der Sport
der Computer
fernsehen
es gibt
gefallen
gewinnen
verlieren
lustig
besser
am besten
pünktlich
froh
schlimm
nächste

1 In dem Gitter sind Übungswörter versteckt. Schreibe sie auf.

A	C	S	T	R	E	I	T	R	F	E	R	N	S	E	H	E	N	E	N
E	G	E	W	I	N	N	E	N	S	C	H	L	I	M	M	A	S	C	H
L	O	R	F	A	M	I	L	I	E	R	I	B	E	S	S	E	R	A	G
P	V	E	R	L	I	E	R	E	N	R	U	L	N	Ä	C	H	S	T	E
U	P	Ü	N	K	T	L	I	C	H	G	C	O	M	P	U	T	E	R	O

2 Bilde Wörter mit **all** und schreibe sie auf.

gefallen, ...

F, Qu, Kn, Sch, f, h, B, G, H, Kr, gef, kn

all

e, en

3 Bilde zusammengesetzte Nomen mit **SPORT**. Kennst du alle Wörter? Schreibe die zusammengesetzten Nomen mit ihrem Artikel auf.

SPORT

SENDUNG, SCHAU, NACHRICHTEN, FEST, LEHRER, PLATZ, ARTIKEL, ARZT, SCHUHE, KLUB, ART, FLUGZEUG, STUNDE, HOCHSCHULE, VEREIN, GESCHÄFT

4 Bilde mit zehn „Sportwörtern“ Sätze.

1 Wie kann Fernsehen sein?
Hier fehlen **-ig**, **-lich**, **-d** oder **-t**.
Wenn du die Wörter verlängerst,
kannst du hören, was fehlt.
Die Sportschau ist langweilig. –
die langweilige Sportschau

langweil , lust , schreck , grusl ,
spannen , entsetz , aufregen ,
scheuß , traur , läst , nütz , wicht ,
überflüss , blut , witz , gemüt ,
enttäuschen , interessan , …

2 Suche zu den Adjektiven aus Aufgabe 1
verwandte Wörter. Lege eine Tabelle an.

Adjektiv	*Verb*	*Nomen*
traurig	*trauern*	*die Trauer*

3 Wem gefällt was? Schreibe Sätze.
Mir gefällt ein spannendes Autorennen. …

ein spannendes Autorennen
lustige Trickfilme
eine interessante Tiersendung
die Sportschau
Serien
eine Sendung über Politik
ein Krimi
Märchenfilme
?

4 Hier ist etwas verrutscht. Schreibe den Text richtig auf.

Heu tespi eltun ser eLie bling smannsch aft. Di egan zeFami liesitz tpünkt lichvo rde mFerns eher. Nu rPa paar beit etli ebera mComp uter. Hoffen tlichgewin nensie, dan nfreu enwi run salle. We nnsi eve rlieren, wir dmei nBrud erwi ede rbö se. Da sfind eic hnic htlus tig.

So geht's!

Verlängerungstrick
Bei vielen Wörtern kannst du dich auf dein Ohr nicht verlassen:
Du sprichst **p**, **t** oder **k** am Wortende, schreibst aber **b**, **d** oder **g**.
Wenn du unsicher bist, verlängere das Wort.
Nomen: Bilde die Mehrzahl.
der Korb – die Körbe / der Wald – die Wälder / der Weg – die Wege
Verben: Bilde die Grundform.
sie schreibt – schreiben / sie wird – werden / er legt – legen
Adjektive: Bilde eine Wortgruppe.
lieb – ein lieber Brief / rund – das runde Brot / klug – das kluge Kind

1 Denke dir ein Gespräch zwischen Julius und seiner Mutter zu dieser Szene aus. Überlege, woran du denken musst.

Es war ein regnerischer Nachmittag. Darum durfte ich im Fernsehen einen guten Kinderkrimi anschauen.
Zwei Mädchen und ein Junge waren in einem Kaufhaus. Da sahen sie einen Mann, der mehrere CDs versteckte.
Der Junge sagte zu den anderen, dass der Mann die bestimmt klaut. Die drei Kinder verfolgten den Mann durch die Kaufhausgänge. Sie verfolgten ihn bis zum Parkplatz. Da merkte der Mann, dass er von den Kindern verfolgt wurde. Da sprang er in ein Auto und raste davon.
Aber die Kinderdetektive gaben so schnell nicht auf. Sie ...

Anna

2 Welche Hinweise möchtest du Anna zu ihrem Text geben? Notiere sie in einer Tabelle.

Das hat mir gut gefallen.	Ich habe noch Fragen. Das ist mir aufgefallen.	Vorschläge, was du ändern könntest.
...	...	...

3 Schreibe eine Fortsetzung zu Annas Text.

Staunen, entdecken und erfinden

Jeder Kopf ist eine Schatzkiste. Sie ist gefüllt mit vielen Dingen. Die liegen aber nicht nur so herum. Sie bewegen sich hin und her und irgendwann wird es ihnen zu eng. Dann wollen sie heraus. Was dann wohl mit ihnen geschieht?

Eine Erfindung, die die Welt veränderte

Rechnen kann anstrengend sein. Darum tüftelten immer wieder Menschen am Bau einer Rechenmaschine. Konrad Zuse aus Berlin war so ein Tüftler. 1941 baute er seinen ersten Rechner und nannte ihn Z3.
Der Z3 war so groß wie zwei Kleiderschränke und wog eine Tonne. Heute sind die Rechner viel kleiner, manchmal sogar winzig klein. Sie heißen Computer und können viel mehr als nur rechnen. An unendlich vielen Stellen werden sie eingesetzt. Sie steuern Maschinen, sie regeln den Verkehr, sie verwalten Daten. Inzwischen gehört der Computer auch zum Alltag vieler Kinder.

1 Erzähle, was du in dem Text über Computer erfahren hast.
Klärt gemeinsam unbekannte Wörter.

2 Wozu benutzen viele Erwachsene und Kinder ihren Computer?

3 Laura will ihrer Freundin Merle eine E-Mail senden.
In welcher Reihenfolge muss sie vorgehen?
Schreibe die Sätze richtig auf.
Eine E-Mail schreiben

Nun tippe ich in das große Fenster meinen Brief.

Zum Schluss klicke ich auf den Button „Senden“.

Danach klicke ich das Feld „Neue E-Mail“ an.

Unter „Betreff“ gebe ich ein Stichwort ein.

Dann rufe ich das E-Mail-Programm auf.

Jetzt schreibe ich Merles E-Mail-Adresse.

Zuerst gehe ich online.

Von: <lalelu@t-online.de>
An: <merle@gmx.de>
Gesendet: Mittwoch, 4. Juni 16:08
Betreff: Chatten erlaubt

Hallo Merle,
ist das nicht klasse. Meine Eltern erlauben mir, im Internet zu chatten. Komm rüber, dann chatten wir zusammen. Heißt die Adresse www.kindernetz.de?
Laura

1 Lest die E-Mail. Wie ist sie aufgebaut?

Zum … gehst du zuerst … .
Dann klickst du einen … an.
Über den … „Chat" gelangst du in den … .
Mit der … schreibst du deine Nachricht.
Dann schickst du sie mit der … an alle Chatter.

online *Chatten* *Button*
Anbieter *Chatroom*
Enter-Taste *Tastatur*

2 Schreibe den Text ab und setze die fehlenden Wörter ein.

3 Diese Regeln musst du beim Chatten beachten.
Schreibe sie als Aufforderungssätze auf. Denke an das Ausrufezeichen.
Chat-Regeln
1. Gib keinem deine E-Mail-Adresse!

keinem deine E-Mail-Adresse geben

keine Schimpfwörter benutzen

immer freundlich und respektvoll sein

ein Treffen nur mit Erlaubnis deiner Eltern verabreden

niemals deine Telefonnummer verraten

auf keinen Fall deine Wohnanschrift nennen

niemandem deinen richtigen Namen sagen

4 Bei jeder E-Mail-Adresse steht ein Klammeraffe. Was ist das?

TIPPS
Hier findest du Chatrooms, die für Kinder eingerichtet sind:
www.kindernetz.de – www.kindercampus.de – www.internet-abc.de.
Unter www.internet-abc.de kannst du einen Internet-Surfschein machen.

Mit Farben und Noten erfinden

Malerinnen und Maler sind Erfinderinnen und Erfinder. Mit Linien, Farben und Formen erfinden sie in ihren Bildern eine eigene Welt. Man muss sich die Bilder genau anschauen, um diese Erfindungen zu entdecken und zu verstehen. Die Malerin Gabriele Münter ist eine solche Erfinderin.

* 1877 geboren in Berlin
* Kunstschule in München
* lebte in Stockholm, Kopenhagen, Paris, Berlin und München
* farbenfrohe Gemälde
* viele Landschaftsbilder
* zahlreiche Ausstellungen
* 1962 gestorben in Murnau bei München

1 Was erfährst du über die Malerin?

2 Fasse in einem Text zusammen, was du über die Malerin Gabriele Münter erfahren hast.

Kind mit Puppe

Das Gemälde hei_t „Kind im roten Kleid mit Puppe“. Gabriele Münter hat es vor etwa einhundert Jahren gemalt. Es zeigt ein Mädchen mit einer Puppe auf dem Scho_. Das Mädchen umschlie_t die Puppe mit beiden Händen und schaut mit gro_en Augen. Was mag es blo_ denken? Wei_t du das?

3 Schreibe den Text ab und setze dabei den fehlenden Buchstaben ein.

4 Schreibe, was das Mädchen denkt.

Das Gemälde zeigt den Erfinder Wolfgang Amadeus ASZMRT. Er erfand Musikstücke. Schon als Kind baute er Töne wie Bauklötze hintereinander und übereinander zusammen. Diese AHOFK entstand natürlich nach ganz bestimmten Regeln. Wenn sie in seinen Ohren wie in seiner Fantasie klang, dann schrieb er sie auf Notenpapier. Dadurch können wir sie auch heute noch spielen und hören.
Es gab und es gibt zahllose Musikerfinder.
Man nennt sie KSAPSNFOTLN.

1 Lies den Text. Drei Wörter sind in einer Geheimschrift geschrieben. Versuche, sie zu entziffern.

M ⟷ A	L ⟷ E	O ⟷ S
F ⟷ I	H ⟷ U	

2 Schreibe in der Geheimschrift der Familie Mozart fünf eigene Wörter.
Oder:
Denke dir eine eigene Geheimschrift aus und verschlüssele Wörter.

3 Wenn ihr die folgenden Sätze ergänzt, erfahrt ihr noch viel Interessantes über Mozart.
Informiert euch im Internet, in der Bibliothek …

Er wurde vor etwa … Jahren in Salzburg geboren.

Mit … Jahren ist er zum ersten Mal öffentlich aufgetreten.

Mit … Jahren hat er schon Klavier gespielt.

Mit … Jahren machte er seine erste Konzertreise.

Das sind Kompositionen von Mozart: …

Die erste Oper hat er mit … Jahren komponiert.

Sein Spitzname war …

Er war erst … Jahre alt, als er in Wien starb.

4 Auf seinen Reisen nahm Mozart immer ein „stummes Klavier“ mit. Finde heraus, was das ist.

Von einer eiskalten Erfindung und coolen Ausreden

1 Seht euch den Bilderbogen an und lest die Texte.
Um welche Erfindung geht es?

2 Zerlegt den Bilderbogen in einzelne Abschnitte.
Was wird in den Abschnitten erzählt?

3 Schreibe zu jedem Bildabschnitt eine Überschrift.
Oder:
Schreibe die ganze Geschichte.

Die Menschen liebten Frank Eppersons Erfindung. Doch der Amerikaner erfand das Eis am Stiel nur durch einen Zufall. Eine eiskalte Nacht brachte ihm den Erfolg. Meistens planen aber Erfinder ihre Erfindungen ziemlich genau. Zuerst entwickeln sie Ideen und Pläne. Dabei gehen ihnen tausend Gedanken durch den Kopf. Sie prüfen immer wieder verschiedene Möglichkeiten. Und irgendwann finden erfolgreiche Erfinder eine passende Lösung.

1 Schreibe den Text ab. Unterstreiche in jedem Satz das Subjekt (den Satzgegenstand) mit Blau und das Prädikat (die Satzaussage) mit Rot.

2 Schreibe alle Verben aus dem Text in der **Grundform**, in der **Gegenwart** und in der **Vergangenheit** auf.
lieben, sie lieben, sie liebten

Eis am Stiel

3 Jonas ist bekannt als „Ausredenerfinder“. Welche Ausrede erzählt er heute?

4 Schreibe die Geschichte, die die Bilder erzählen.
Erfinde auch einen passenden Schluss.
Lest euch eure Geschichten gegenseitig vor.

Pops Lese- und Lollis Rechtschreibforscher-Tipps anwenden; Übungstext abschreiben; Silben zu Übungswörtern zusammensetzen; Übungswörter trainieren; Satzglieder ordnen; Subjekt und Prädikat

Eine E-Mail schreiben

Merle möchte ihrer Freundin Fenja eine E-Mail schreiben. Sie ruft das Programm auf und wählt das Feld „Neue E-Mail“. Nun schreibt sie Fenjas E-Mail-Adresse. In das große Feld tippt sie ihren Brief. Wenn sie will, kann sie ihre Wörter und Sätze bearbeiten. Sie macht sie größer, kleiner, fett oder bunt. Sie kann sie auch verschieben. Wenn ihr etwas nicht gefällt, löscht sie es wieder. Dazu bewegt sie die Maus. Jetzt ist Merle fertig. Schnell klickt sie auf das Feld „Senden“. Ob Fenja die E-Mail gleich liest?

das Programm
das Feld
wählen
arbeiten
schieben
löschen
bewegen
größer
kleiner
fett
bunt
fertig
etwas
jetzt

1 Hier sind die Silben durcheinandergepurzelt.
Schreibe die Übungswörter richtig auf.
Zeichne die Silbenbögen unter die Wörter.
bewegen, …

be-	klei-	len	was	ten	ner	ben	gramm
ar-	bei-	ßer	Pro-	lö-	wäh-	et-	
grö-	we-	gen	schie-	tig	schen	fer-	

2 Welche Übungswörter kannst du mit diesen besonderen Computer-Tasten schreiben?

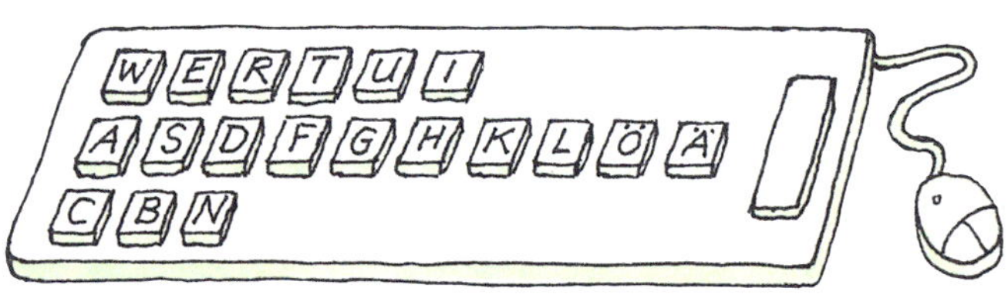

3 Wer tut was? Ordne die Satzglieder zu sinnvollen Sätzen.
Unterstreiche die Subjekte (Satzgegenstände) blau und die Prädikate (Satzaussagen) rot.

Der Lehrer	lernen	Wörter und Sätze im Text.
Die Kinder	sucht	eine Geschichte mit dem Computer.
Niklas	verschiebt	etwas über die Erfindung des Computers.
Laura	löscht	die Maus auf dem Tisch.
Sie	bewegt	im Internet Informationen.
Wir	schreiben	sich gegenseitig E-Mails.
…		…

1 Schreibe mit jedem Übungswort einen Satz.
Oder:
Denke dir mit den Übungswörtern einen kleinen Text aus.
Unterstreiche die Übungswörter in deiner Lieblingsfarbe.

2 Es gibt nur wenige Wörter mit dem Buchstaben **ß**.
Diese musst du dir gut merken.
Schreibe die Wörter ab und setze das fehlende **ß** ein.
Markiere den Selbstlaut oder den Doppellaut (Zwielaut) vor dem fehlenden Buchstaben.

der Fu	er a	bei en	flei ig
der Spa	sie hei t	schie en	wei
die So e	er verga	rei en	drau en
der Strau	sie lie	flie en	drei ig

3 In der Wörterliste findest du bei den Buchstaben **G/g** und **S/s** noch andere Wörter mit **ß**.
Schreibe sie auf.

4 Würfle die Sätze und schreibe sie auf.

⚀	Merle	⚀	schreibt	⚀	eine E-Mail an Fenja.
⚁	Die Klasse	⚁	sucht	⚁	die Chat-Regeln.
⚂	Lukas	⚂	bearbeitet	⚂	Wörter und Sätze auf dem Computer.
⚃	Laura	⚃	löscht	⚃	den Text.
⚄	Björn	⚄	liest	⚄	einen Brief an Jonas.
⚅	JOKER	⚅	JOKER	⚅	JOKER

5 Hier hat wohl ein Computervirus alle Selbstlaute vernichtet.
Versuche, den Text zu „reparieren“.

Mxrlx txppt xhrxn Brxxf xn dxn Cxmpxtxr. Dxnn wxll sxx Wxrtxr xnd Sxtzx bxxrbxxtxn. Dxch dxr Cxmpxtxr mxcht, wxs xr wxll. Xr vxrschxxbt Wxrtxr, wxnn Mxrlx sxx klxxnxr hxbxn mxchtx. Jxtzt stxllt sxx dxn Cxmpxtxr xxs xnd nxch kxrzxr Zxxt wxxdxr xn. Nxn xrbxxtxt xr wxxdxr rxchtxg. Wxs wxr dx nxr lxs?

Fragebogen zum Kapitel

Das hat mich besonders interessiert:
Ich habe etwas über Mozart erfahren.
Das hat mir Spaß gemacht:
Ich habe mit Mozarts Geheimschrift einen Satz geschrieben.
Das fand ich anstrengend:
…
Das will ich mir unbedingt merken:
…
Das hätte ich gerne noch gemacht:
…

1 Lies dir den Fragebogen genau durch. Beantworte dann die Fragen, wie Tom es getan hat. Schreibe deine Antworten auf.

Du hast in diesem Kapitel von einer Frau gelesen, die mit Linien, Formen und Farben besondere Erfindungen machte. Diese Erfinderin ist 85 Jahre alt geworden.

Du hast auch von einem Erfinder gelesen, der seine Erfindungen mit Tönen zusammenbaute. Schon mit neun Jahren machte er eine erste große Erfindung.

2 Lies den Text und beantworte die Fragen. Für manche Antworten musst du die richtige Stelle im Kapitel suchen.
* Wie heißt die Erfinderin, die mit 85 Jahren starb?
* In welchem Jahr und in welcher Stadt wurde die Erfinderin geboren?
* Wie hieß der Erfinder, der Töne zusammenbaute?
* Was erfand dieser Erfinder?

Was hast du noch über die Erfinderin und den Erfinder erfahren?

3 Welche Stolperstellen musst du dir bei diesen Wörtern merken? Was weißt du schon von den Wörtern?

hei🔍 grü🔍en das Flo🔍 sü🔍 gie🔍en der Flei🔍
au🔍er schmei🔍en der Gru🔍 wei🔍 das Gefä🔍 sto🔍en

4 Das ist mir bei den Wörtern von Aufgabe 3 aufgefallen:
Der Selbstlaut oder Doppellaut (Zwielaut) vor … klingt immer … .

Herbst

Erntebräuche

Früher lebten die meisten Menschen von der Landwirtschaft. Darum war die Ernte im Herbst ein wichtiges Ereignis. Es gab Bräuche, mit denen Beginn und Ende der Ernte gefeiert wurden. So band man die letzte Getreidegarbe zu einer Strohpuppe. Sie wurde als Mensch gekleidet und auf den Wagen gestellt, der zum Hof fuhr.
Dort gab es dann ein gutes Mahl, Musik und Tanz. In manchen Gegenden feierte man auch, wenn der letzte Kartoffelstock geerntet war. Auf den Feldern verbrannte das welke Kartoffelkraut und in der Glut vergraben lagen die frischen Kartoffeln. Wenn sie gar waren und man sie aufbrach, dufteten sie köstlich.

Der Nageltrick

So werden in der Lagerfeuerglut auch dicke Kartoffeln innen schneller gar. Der Nagel leitet Hitze von außen in das Innere der Knolle. Probiert es aus. Aber Vorsicht beim Anfassen!

Kartoffelkuchen „Dippedotz“

Das braucht ihr (für 6 Kinder):

- 1,5 Kilogramm Kartoffeln
- 3 große Zwiebeln
- 2 Brötchen (in Milch eingeweicht)
- 200 Gramm Speck
- 3 Eier
- 4 Esslöffel Öl
- je eine Messerspitze Thymian und Majoran
- Flöckchen von etwa 100 Gramm Butter

1. *Kartoffeln schälen, waschen und reiben.*

2. *10 Min. stehen lassen, dann das Kartoffelwasser vorsichtig abgießen.*

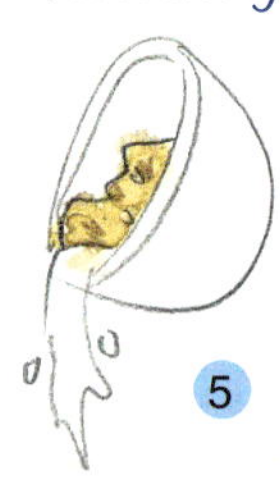

3. *Dazu Zwiebeln reiben.*

4. *Eingeweichte Brötchen, fein gewürfelten Speck, Eier, Öl und Gewürze hinzugeben. Alles gut verrühren.*

5. *In einem Bräter Öl erhitzen. Teig einfüllen, backen lassen:*
   - *unterste Schiene im Backofen*
   - *220° C*
   - *90 Minuten*

   Nach 70 Minuten mit Butterflöckchen besetzen. So entsteht eine braune Kruste.

Achtung! Herd und Ofen nur zusammen mit Erwachsenen benutzen.

Herbstfeuer

Rings in allen Gärten,
die im Tale sind,
rauchen nun die Feuer
und der Herbst beginnt.

Fern ist nun der Sommer
und der Blütenduft.
Rote Feuer lodern.
Rauch steigt in die Luft.

Lobt den Lauf des Jahres
und den Wechsel auch!
Blumen bringt der Sommer
und der Herbst den Rauch.

Robert Louis Stevenson

1 In jeder Strophe des Gedichts findest du ein Bild. Welches gefällt dir am besten? Male es auf. Schreibe das Gedicht in deiner schönsten Schrift mit auf das Blatt.

2 Herbst-Elfchen schreiben

Rauch
Das Kartoffelfeld
ist nun abgeerntet.
Im Feuer garen Kartoffeln.
Heiß!

Das Gedicht heißt Elfchen,
weil es aus elf Wörtern besteht.
Das ist der Bauplan:

1. Zeile: ein Herbst-Wort
2. Zeile: zwei Wörter zum Herbst
3. Zeile: drei Wörter
4. Zeile: vier Wörter
5. Zeile: ein Wort zum Abschluss

3 Alte Bauernregeln

4 Schau dir die Kartoffelfiguren an.
Welche Geschichten erzählen sie dir?

5 Bastelt Kartoffelfiguren und stellt sie aus.
Erzählt euch Geschichten mit den Figuren.
Hebt die besten Geschichten für eine Lese- und Erzählnacht auf.

Die letzte Kartoffel

Die letzte dicke Kartoffel der Ernte steckte ein Knecht auf seine Forke*. Er marschierte damit zum Hof. Vor der Bäuerin sagte er ein lustiges Gedicht auf. Dabei versuchte er an ihr vorbeizukommen und die Kartoffel auf den Herd zu legen. Schaffte es die Bäuerin jedoch, vorher einen Eimer Wasser auf die Kartoffel zu gießen, so hatte sie die Kartoffel erobert. War der Knecht geschickter, so musste die Bäuerin für alle Erntehelfer einen großen Kartoffelkuchen backen.

* Forke heißt in Norddeutschland eine Erntegabel.

Ihr könnt diesen Brauch nachspielen.

- Mitspielen könnten: ein Knecht und eine Bäuerin oder eine Magd und …
- Was könnte man statt der Forke benutzen?
- Wohin soll die Kartoffel gebracht werden?
- Mit welchen Mitteln kann die „Bäuerin" die Kartoffel erobern?
- Was soll die „Bäuerin" tun, wenn der Knecht gewinnt? Und umgekehrt?

Kartoffelsackhüpfen

Früher wurden Kartoffeln in Säcken aus braunem Sackleinen transportiert. Versucht für euer Wettspiel solche Säcke zu bekommen.

Das Nüssespiel

Die Kinder, die nicht bei der Ernte mithelfen mussten, konnten am Wegrand spielen. Sie versuchten von der Linie aus Nüsse aus der Reihe zu werfen. Dazu nahmen sie möglichst große Walnüsse. Die weggeschlagene Nuss und alle Nüsse links von ihr durften eingesammelt werden.

Winter

Karneval und Fastnacht

Im Winter liegt die närrische Zeit. Mit bunten Umzügen wird gefeiert. In Deutschland haben diese Feste unterschiedliche Namen. In Köln und im Rheinland feiert man Karneval, in Bayern Fasching und in Baden-Württemberg Fastnacht oder Fasnet. Schon vor 600 bis 700 Jahren gab es Feiern kurz vor der österlichen Fastenzeit. Man denkt, dass daher der Name „Fastnacht“ stammt. Wer es sich leisten konnte, verspeiste in lustiger Gesellschaft ein gutes Mahl, trank Wein und Bier und tanzte. Später gehörten auch Maskenumzüge dazu. So wollte man noch einmal vor der anbrechenden ernsten Zeit ausgelassen feiern. In einigen Gegenden in Süddeutschland haben die Feiern wohl auch mit dem Glauben an böse Wintergeister zu tun. So sollen sie noch heute mit Feuer und Krach vertrieben werden: Von überall tönen Schreie, tiefe Trommelschläge und Holzratschen. Die Masken sollen helfen die Macht des Winters zu brechen.

Drei Winteraustreiber

Astschelle

Das braucht ihr:
- Glöckchen
- einen schön verzweigten Ast
- bunte Bänder

Glöckchenstab

Das braucht ihr:
- Glöckchen
- ein Stück Rundholz
- Reste von Lederlappen
- Schnur

Geisterklapper

Das braucht ihr:
- Sperrholz (Laubsägeholz)
- ein Stück Rundholz
- 2 halbe Holzkugeln
- Laubsäge
- Holzleim
- Farbe und Klarlack

1 *Die Ringe mit einer Schablone aufzeichnen und mit der Laubsäge aussägen. Das Rundholz soll durch die Löcher gesteckt werden. Sie müssen also etwas weiter sein. Die Scheiben bunt anmalen und später mit Klarlack überstreichen.*

2 *Vom Tischler oder von Eltern ein Loch in die Halbkugel fräsen lassen, sodass das Rundholz genau hineinpasst.*

3 *Die Kugelhälften mit Holzleim ankleben und nach dem Trocknen anmalen.*

1 Faschings-Abc

2 Fastnacht der Tiere

Was machen die Tiere an Karneval?
Sie machen einen Faschingsball!
Wie das geht? Seht:

Der  geht als Fliege,
die Fliege als ,
die  als ,
der  als ,
die  als Laus,
die Laus als ,
die  als Katz,
die  als ,
der  als ,
der  als ,
der  als ,
der  als ,
jetzt geht der Ball von vorne an!

Brigitte Wächter

Schabernack

3

Erzähle den Schabernack.
Oder:
Denke dir selbst einen Schabernack aus und male einen Comic.

Pappteller-Masken

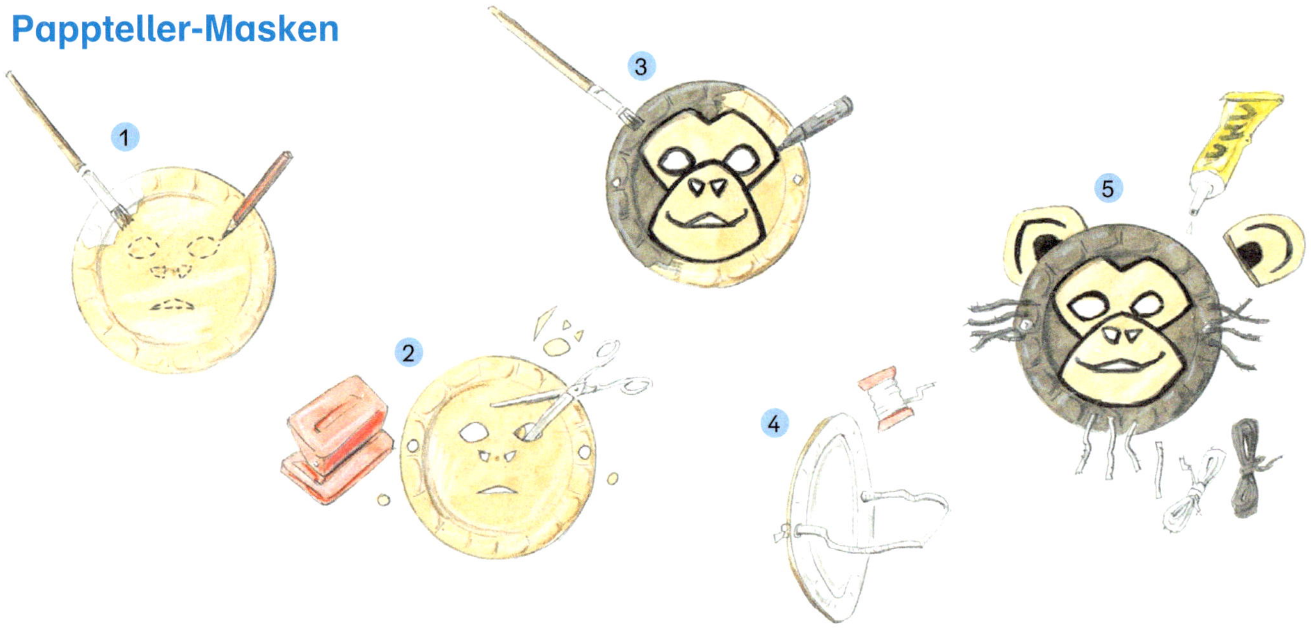

Rumsdideldumsdidel Dudelsack

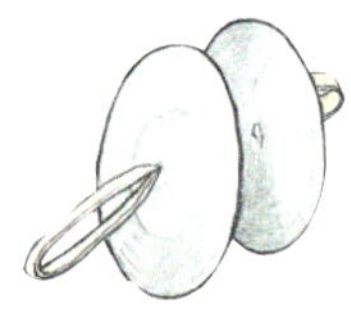

Musik: Wolfgang Stumme

Text: Karola Wilke

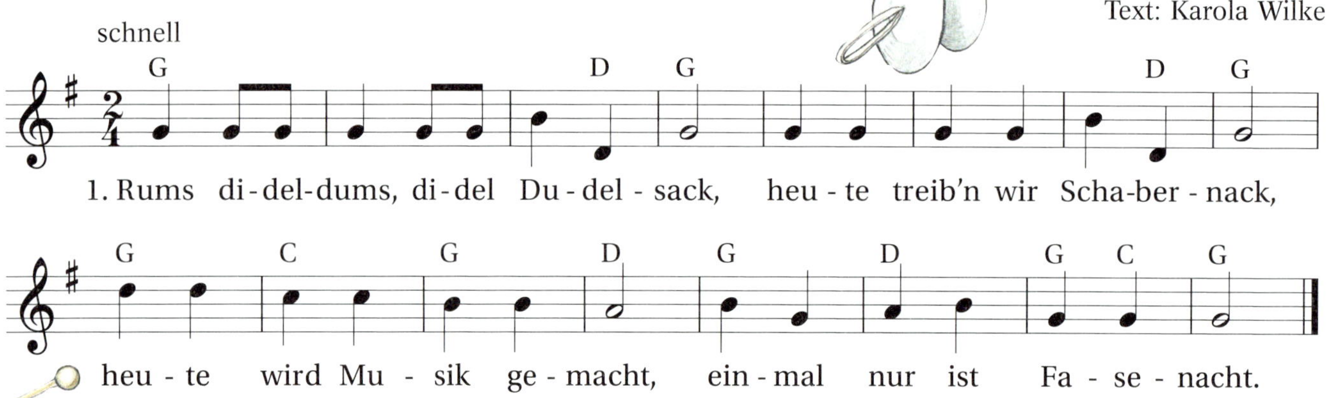

2. Rumsdideldumsdidel Fiedelbogen,
heute wird durchs Dorf gezogen,
keiner soll uns Narren kennen,
uns bei unsren Namen nennen.

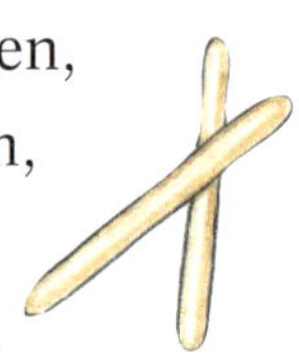

3. Rumsdideldumsdidel Paukenschlag,
ab morgen zähl'n wir jeden Tag,
bis das alte Jahr verklingt
und die neue Fastnacht bringt.

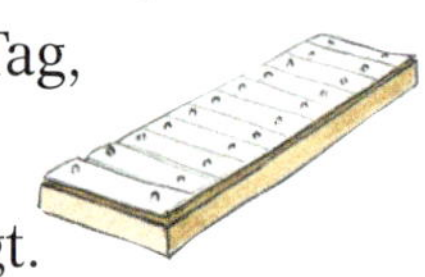

Affentanz

Ein Kind gibt das Kommando.
Zum Beispiel: Tanzt wie ein Cowboy!
Oder: Tanzt wie eine feine Dame! Tanzt wie ein Affe!
Lasst euch passende Bewegungen einfallen.
Für den besten „Affen“ gibt es eine Belohnung.
Vielleicht mag er Schokoküsse?

Frühling

Walpurgisnacht

Vor langer Zeit glaubten die Menschen, dass in der Nacht vom 30. April zum 1. Mai am Himmel ein Hochzeitszug der Götter stattfand. Tau und Regen tropften aus den Mähnen der Götterpferde, fielen zur Erde und machten die Felder fruchtbar. So zog der Frühling ins Land. Die Menschen zündeten auf den Höhen Feuer an und lärmten und tanzten, um bei der Austreibung des Winters zu helfen. Später wurden diese Feiern als Aberglauben bekämpft. Man behauptete, dass sich auf den Festplätzen Hexen versammelten. Mit Peitschenknallen und Böllerschüssen sollten sie vertrieben werden. Außerdem wurde dieser Tag nach der heiligen Frau Walpurga benannt. Heute wird „Walpurgis-Nacht" lustig gefeiert. Viele verkleiden sich als Hexen und dürfen bis Mitternacht ihren Unfug treiben.

Besen für das Hexenfest

Das braucht ihr:

- dünne, biegsame Zweige (Haselnuss oder Weide)
- einen geraden Stock (angespitzt)
- Schnur, Hammer und Nägel

1. *Reisig mit einer Kordel fest zusammenbinden.*

2. *Den Stock hineinstoßen.*
3. *Bündel am Stock befestigen.*

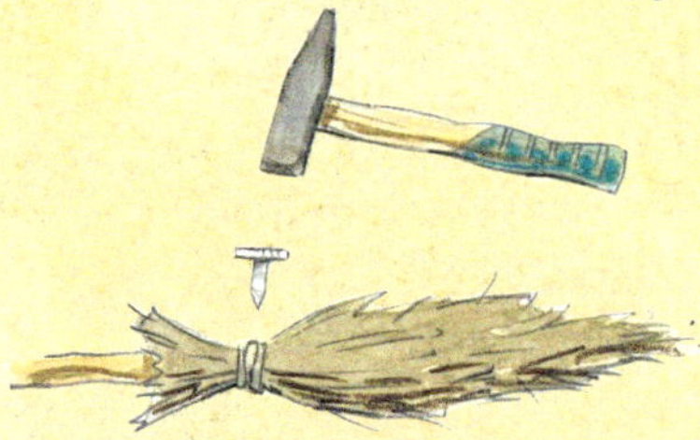

Sollte der Besen für Ritte durch die Lüfte untauglich sein, eignet er sich auch einfach zum Kehren.

Als Festschmuck Fledermaus-Girlanden

Das braucht ihr:

- große Bögen festes Papier (farbig oder schwarz)
- Schnur und Schere, Lochverstärker

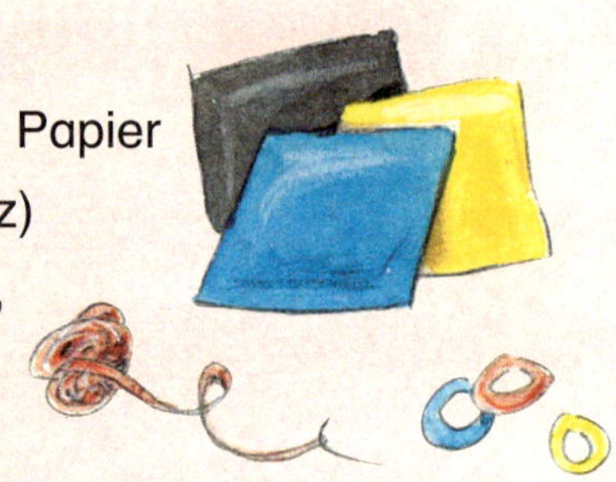

1. *Das Papier in lange, etwa 10 cm breite Streifen schneiden.*

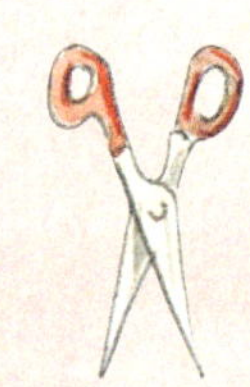

2. *Die Papierstreifen mehrmals wie ein Leporello falten.*

3. *Eine Fledermaushälfte auf die Vorderseite zeichnen.*
4. *Ausschneiden und auseinanderziehen.*
5. *An den Enden lochen, Lochverstärker aufkleben und mit Schnur aufhängen.*

1 Hexen-Zauber-Fest

Um ein Hexen-Zauber-Fest zu feiern, müsst ihr nicht auf den Blocksberg reiten. Verschickt Einladungen und ihr werdet sehen, dass viele Hexlein und Zauberer einfliegen werden. Bedingung zum Mitfeiern ist: Alle müssen einen Namen haben und einen Zauberspruch können!

2 Zaubersprüche

Wirrle knirrle knarrlefax
Hexen Bexen Exenmax
Suse Schmuse Satansbrei
morgen ist die Nacht vorbei!

Max Kruse

Gummistiefel aus dem Keller
tanzt und macht die Wolken schneller.

Übervolles Regenglas
Wolken macht die Erde nass.

Stundenplan für junge Hexen und Zauberer

MONTAG	DIENSTAG	MITTWOCH	DONNERSTAG	FREITAG
Zaubern mit dem Meister	Texte schreiben: Flüche und Schimpfworte	Kostüme nähen für Hexen- und Zauberfeste	Zaubersprüche vertonen	Wie koche ich schwarze Ratten?
Zauberformeln, Zaubersprüche	Hexen 1x1	Besenreiten (Doppelstunde) Starten, Landen, Looping, Flugregeln	Moderne Musik: Katzengejammer	Kräuterkunde
Schlechtschreibung	~~Fitt~~ Fitnesstraining gegen Knarrende Knochen		Moderne Tänze und Spiele	Haustierhaltung: Fledermäuse

3

Wie wär's mit einem Besuch in der Hexen- und Zauberschule? Ihr braucht oberste Oberlehrer, einen Stundenplan und viel Fantasie.

Der magische Hexen-Zauberstab

Schau dir die Gegenstände genau an. Zähle die Buchstaben der Wörter: Uhr = 3 Buchstaben, Buch = 4, Gabel = 5, Löffel = 6, Flasche = 7.

Lege diese Dinge durcheinander auf den Tisch (mit Schildern!). Eins davon soll sich ein Zuschauer in Gedanken aussuchen und merken.
Kündige nun an, dass du mit dem Zauberstab auf einzelne Gegenstände deutest.
Der Zuschauer soll dabei lautlos mitbuchstabieren: Bei jedem Zeigen sagt er in Gedanken einen Buchstaben. Wenn das gemerkte Wort zu Ende ist, soll er „Halt“ rufen.

Los geht es: Du zeigst beim ersten und beim zweiten Mal auf beliebige Gegenstände – beim dritten Mal auf die Uhr, beim vierten Mal auf das Buch, dann auf die Gabel, ...
Wenn „halt“ gerufen wird, zeigt dein Zauberstab genau auf den ausgesuchten Gegenstand.
Der Zauberstab zittert fürchterlich und du kannst die geheimen Gedanken erkennen.

Zauberstab-Staffel

Ihr braucht für das Spiel drei schön bemalte Zauberstäbe.

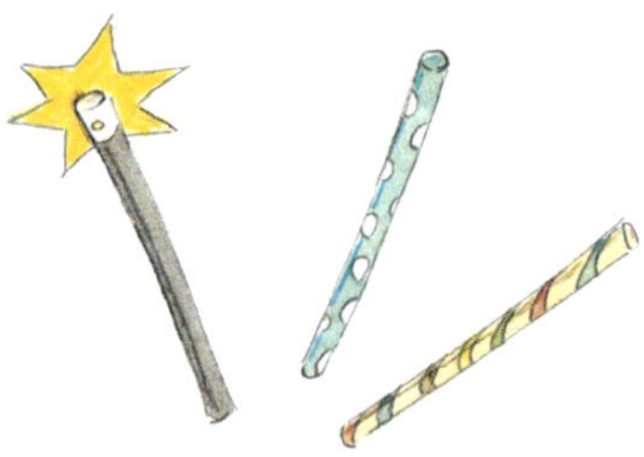

Alle Hexen und Zauberer stellen sich im Kreis auf. Eine Hexe hält in jeder Hand einen Zauberstab. Darüber wird quer ein dritter Stab gelegt.

Jetzt findet die Übergabe statt: Ein anderer Zauberer oder eine Hexe muss die Stäbe an den freien Enden greifen – der Querstab darf nicht herunterfallen. Wer ihn fallen lässt, muss den magischen Kreis verlassen.

Fliegende Fledermaus

Ihr braucht für das Spiel eine Spielzeugfledermaus oder einen weichen Stofflappen aus Samt.

Alle stehen in einem großen Kreis. Die Fledermaus fliegt von Hand zu Hand und darf nicht herunterfallen. Vielleicht ist es schon etwas dämmrig. Leise, schauerlich schöne Gruselmusik ertönt. Die Fledermaus sucht ein Opfer.

Dann stoppt die Musik plötzlich.
Wer jetzt die Fledermaus hält, scheidet aus.
Ein Tipp: Wer die Musik an- und ausschaltet, sollte außerhalb des Kreises sein und nicht sehen, wo die Fledermaus gerade ist.

Sommer

Feuer zur Sommersonnenwende

In den späten Junitagen hat die Sonne ihren höchsten Stand am Himmel. Es ist ein sehr alter Brauch, um diese Zeit der Sommersonnenwende ein Feuer zu entzünden.
Früher geschah dies oft am 24. Juni, dem Johannistag.
So hießen die Feuer auch Johannisfeuer. Das Feuer sollte für die Macht und Kraft der Sonne stehen. Wenn jemand durch das Feuer oder darüber sprang, konnte er sich damit vor Unheil schützen und von Krankheiten reinigen – so glaubten viele Menschen.
Heute wird das Fest vielerorts am 21. Juni gefeiert. In einigen Gegenden werden Holzräder mit Stroh umwickelt und am Abend angezündet. Brennend rollen sie, begleitet von vielen guten Wünschen, den Hang hinab ins Tal. Mit Tanz und Musik freuen sich viele Menschen auf den Sommerbeginn.

Feuerrad aus bunten Bändern

Das braucht ihr:

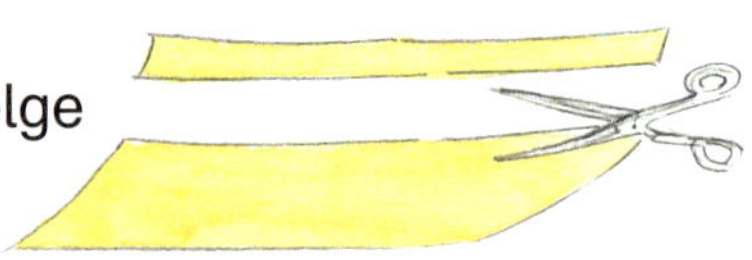

- eine alte Fahrradfelge
- Zeitungspapier, Klebeband, Schere
- gelbes und rotes Krepppapier oder gelbe und rote Bänder

1. *Die Felge mit Zeitungspapier umwickeln.*

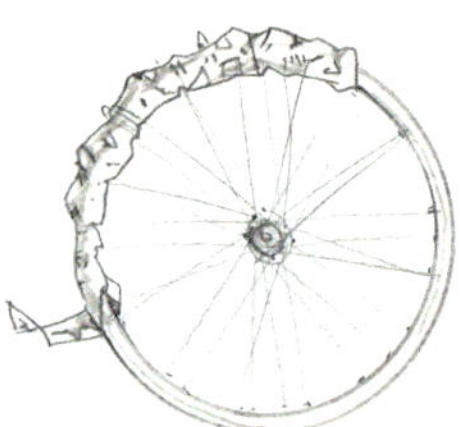

2. *Lange Kreppstreifen schneiden (oder Bänder), anknoten, herumwickeln, nochmal festknoten, die Enden flattern lassen.*

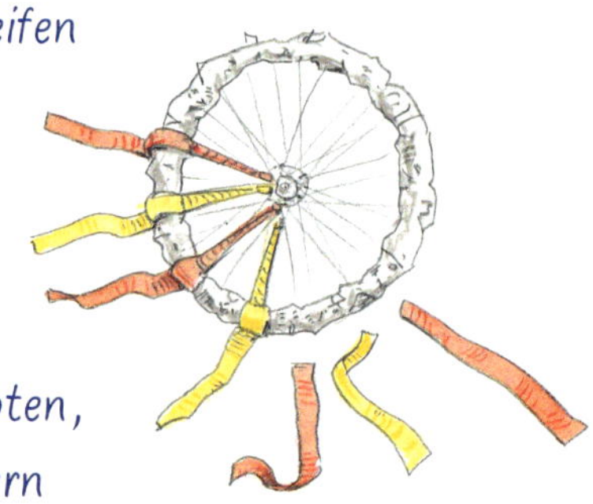

3. *Ein Feuerrad-rennen*

Ein Umhang für den Feuertanz

Das braucht ihr:

- Krepppapier in Rottönen, Gelb, Orange, Violett
- altes Halstuch
- Schere, Tacker, Maßband

1. *Krepp in Streifen schneiden.*

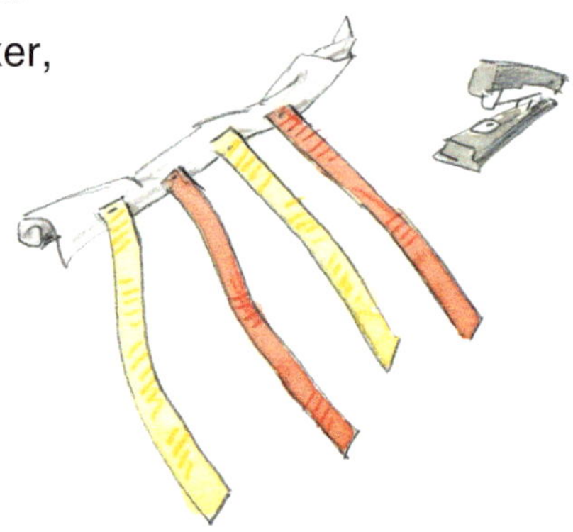

2. *Die Streifen bunt gemischt am Halstuch befestigen.*

Die vier Kinder der Erde

„Das ist ja eine schöne Bescherung!“, verkündete der Sommer, als er sich auf der Erde niederließ. „Alles angefangen und nichts zu Ende gebracht. Höchste Zeit, dass ich mich um die Sache kümmere!“ Er fasste in seine Taschen, streute mit vollen Händen das Licht der Sonne über die Landschaft und sogleich begannen sich die Blumen auf dem Felde zu öffnen und die Früchte in den Zweigen der Bäume wurden prall und rund unter der wohltuenden Wärme. Er schüttelte seine Mähne, ließ die goldenen Ähren der Weizenfelder herausfallen und das schimmernde Salz des Ozeans. Dann wendete er seine Taschen um, in denen er noch die brütende Hitze aufbewahrte ... „Warte, das ist noch nicht alles!“, rief er, ...

1 In dem Märchen stecken viele Bilder.
Was bringt der Sommer wohl noch mit auf die Erde? Male oder schreibe es auf.

Johanniswürmchen oder **Leuchtkäfer**, auch **Glühwürmchen** sind die Namen von Leuchtkäferarten. Sie fliegen in warmen Nächten um den Johannistag (24. Juni) als leuchtende Pünktchen durch das Dunkel.

’s fliegt e fieris Männel ’rum,
iwwer Hääu um Hecke.
Het e güldis Ladernel,
drum kann si’s nedd verstecke.
Fieris Männel uffm Haau,
geb mir dien Ladernel au!

Volksgut (Straßburg)

fieri = feurig
Haau und Hääu = Hag, Zaun

2 Versuche den Spruch vorzulesen.
Übersetze ihn.

Leuchtkäferlied der Ojibwa-Indianer

Huschende Insekten aus weißem Feuer!
Kleines Getier, kleine wandernde Feuer!
Schwenkt eure Sternchen über meinem Bett!
Webt kleine Sterne in meinen Schlaf! Komm,
kleiner, tanzender Weißfeuer-Käfer! Komm,
kleines, nachtflinkes Weißfeuer-Tier! Schenk
mir das Zauberlicht deiner hellen, weißen
Flamme, deiner kleinen Sternenfackel.

3 Gestalte das Leuchtkäferlied der Ojibwa-Indianer wie ein Gedicht: mit kurzen Zeilen und Strophen.
Hängt eure Arbeiten in der Klasse aus.

Das Feuer

Hörst du, wie die Flammen flüstern,
knicken, knacken, krachen, knistern,
wie das Feuer rauscht und saust,
brodelt, brutzelt, brennt und braust?

Siehst du, wie die Flammen lecken,
züngeln und die Zunge blecken,
wie das Feuer tanzt und zuckt,
trockne Hölzer schlingt und schluckt?

Riechst du, wie die Flammen rauchen,
brenzlig, brutzlig, brandig schmauchen,
wie das Feuer, Rot und Schwarz,
duftet, schmeckt nach Pech und Harz?

Fühlst du, wie die Flammen schwärmen,
Glut aushauchen, wohlig wärmen,
wie das Feuer, flackrig wild,
dich in warme Wellen hüllt?

Hörst du, wie es leiser knackt?
Siehst du, wie es matter flackt?
Riechst du, wie der Rauch verzieht?
Fühlst du, wie die Wärme flieht?

Kleiner wird der Feuersbraus:
ein letztes Knistern,
ein feines Flüstern,
ein schwaches Züngeln,
ein dünnes Ringeln –
aus.

James Krüss

1 Dieses Gedicht könnt ihr am besten sprechen,
wenn ihr schon einmal ein Feuer erlebt habt.
Übt es gut vorzutragen.

2 Legt euren Feuerumhang an.
Überlegt, wie ihr euch zu dem Gedicht bewegen könnt.
Probiert aus, ob die Bewegungen zum Text passen.

3 Vielleicht findet ihr für euren Feuertanz auch noch eine passende Musik.
Oder ihr begleitet den Tanz mit eigenen „Geräuschemachern",
die das Knistern, Knacken, Rauschen des Feuers untermalen.

Wörter nachschlagen

In deiner Wörterliste und in Wörterbüchern sind die Wörter nach dem Alphabet geordnet.
In deiner Wörterliste sind jetzt alle Wörter schwarz gedruckt.
Die neuen Wörter von Klasse 3 sind **fett** hervorgehoben.

Nomen

* Nomen haben einen **großen Anfangsbuchstaben**.
* Nomen haben die **Artikel der**, **die** oder **das**.
* Nomen gibt es in der **Einzahl** und in der **Mehrzahl**. Zuerst steht immer die Einzahl.
* **Zusammengesetzte Nomen** musst du in ihre Teile zerlegen. Die Teile kannst du getrennt nachschlagen.
  Beispiel:
  der **Spielplatz** – suche **Spiel** und **Platz**

Adjektive

Drei schwierige Vergleichsstufen findest du in der Wörterliste:
gut – besser – am besten
viel – mehr – am meisten
hoch – höher – am höchsten

Verben

* Zuerst steht immer die **Grundform** und dahinter die **Personalform** mit **er**, **sie** oder **es**.
* Besonders schwierige Vergangenheitsformen stehen in der Wörterliste extra. Zum Beispiel: **er kam**, **sie las**.
* Mit Wortbausteinen kann man viele neue Verben bilden. Sie stehen nicht in der Wörterliste. Das Verb **abfahren** ist nicht zu finden, aber das Verb **fahren**.

die **Beere**, die Beeren
beißen, er beißt
beobachten, sie beobachtet
der **Berg**, die Berge
der **Bericht**, die Berichte
berichten, sie berichtet
der **Beruf**, die Berufe
besser
am **besten**
der **Besuch**, die Besuche
besuchen, er besucht
das Bett, die Betten
bewegen, sie bewegt
du bist
bitten, sie bittet
das Blatt, die Blätter
blau
bleiben, er bleibt
er **blieb**
der **Blitz**, die Blitze

Wörterliste

A a

ab
acht
ähnlich
alle
allein
alt
anfangen, sie fängt an
sich **anstrengen**,
er strengt sich an
der Apfel, die Äpfel
der April
die Arbeit, die Arbeiten
arbeiten, sie arbeitet
der **Arzt**, die Ärzte
die **Ärztin**, die Ärztinnen
er **aß**
die Aufgabe, die Aufgaben
das Auge, die Augen
der August
das Auto, die Autos

B b

das **Baby**, die Babys
backen, er backt
das Bad, die Bäder
baden, sie badet
die **Bahn**, die Bahnen
bald
der Ball, die Bälle
die **Bank**, die Bänke
basteln, er bastelt
bauen, sie baut
der **Bauer**, die Bauern
der Baum, die Bäume
die **Beere**, die Beeren
beißen, er beißt
beobachten,
sie beobachtet
der **Berg**, die Berge
der **Bericht**, die Berichte
berichten, sie berichtet
der **Beruf**, die Berufe
besser
am **besten**
der **Besuch**, die Besuche
besuchen, er besucht
das Bett, die Betten
bewegen, sie bewegt
du bist
bitten, sie bittet
das Blatt, die Blätter
blau
bleiben, er bleibt
er **blieb**
der **Blitz**, die Blitze
blitzen, es blitzt
blühen, es blüht
die Blume, die Blumen
die Blüte, die Blüten
der **Boden**, die Böden
das Boot, die Boote
böse
brauchen, er braucht
bremsen, sie bremst
der Brief, die Briefe
bringen, sie bringt
das Brot, die Brote
die **Brücke**, die Brücken
der Bruder, die Brüder
brummen, es brummt
das Buch, die Bücher
bunt
der Bus, die Busse
die Butter

C c

der Computer, die Computer

D d

sie **dachte**
dann
er darf
decken, er deckt
denken, sie denkt
der Dezember
dicht
dick
der Dienstag, die Dienstage
dies, diese, dieser, dieses
donnern, es donnert
der Donnerstag,
die Donnerstage
das **Dorf**, die Dörfer
draußen
drehen, sie dreht
drei
dunkel
dünn
dürfen, er darf

E e

eins
das Eis
die Eltern
eng
die Ente, die Enten

die **Erde**
erklären, sie erklärt
die **Ernte**, die Ernten
ernten, er erntet
erzählen, er erzählt
essen, sie isst
etwas
euch
euer, eure

F f

fahren, sie fährt
Fahrrad, die Fahrräder
die **Fahrt**, die Fahrten
fallen, er fällt
falsch
die Familie, die Familien
fassen, sie fasst
fast
der Februar
die Feier, die Feiern
feiern, er feiert
das **Feld**, die Felder
die Ferien
fernsehen, er sieht fern
fertig
fest
das **Fest**, die Feste
das **Fett**, die Fette
fett
feucht
sie **fiel**
finden, sie findet
der **Fisch**, die Fische
die Flasche, die Flaschen
das Fleisch
fleißig
fliegen, sie fliegt
fragen, er fragt
die Frau, die Frauen
der Freitag, die Freitage
fressen, es frisst
sich freuen, sie freut sich
der Freund, die Freunde
die Freundin,
die Freundinnen
freundlich
der **Frieden**
frieren, er friert
frisch
froh
fröhlich
früh
früher
der Frühling
der **Fuchs**, die Füchse
sie **fuhr**
fünf
das Futter
füttern, er füttert

G g

er **gab**
ganz
der Garten, die Gärten
geben, er gibt
der Geburtstag,
die Geburtstage
gefährlich
gefallen, es gefällt
es **gefiel**
gehen, sie geht
gelb
das Geld, die Gelder
das Gemüse
genug
gestern
gesund
gewinnen, er gewinnt
das **Gewitter**, die Gewitter
er gibt
sie **ging**
gießen, er gießt
glänzen, es glänzt
das **Glas**, die Gläser
glatt
das **Gras**, die Gräser
gratulieren, sie gratuliert
groß
grün
der **Gruß**, die Grüße
grüßen, er grüßt
gut

H h

das **Haar**, die Haare
haben, er hat
halb
halten, er hält
die **Hand**, die Hände
hängen, es hängt
hart
du hast
sie hatte
das Haus, die Häuser
heben, sie hebt
das Heft, die Hefte
helfen, er hilft
heißen, er heißt
heraus
der Herbst

herein
das **Herz**, die Herzen
heute
er **hielt**
er **hieß**
der **Himmel**
hinaus
hinein
hoch
am **höchsten**
der Hof, die Höfe
hohe
höher
die **Höhle**, die Höhlen
holen, sie holt
hören, er hört
die Hose, die Hosen
der Hund, die Hunde

I i

der **Igel**, die Igel
ihm
ihn
ihnen
ihr, ihre, ihren
immer
ins
sie isst

J j

jagen, er jagt
der **Jäger**, die Jäger
das Jahr, die Jahre
der Januar
jeder
jetzt
der Juli
jung
der Junge, die Jungen
der Juni

K k

der **Kaffee**
kalt
er **kam**
sie kann
die **Karte**, die Karten
die **Kartoffel**, die Kartoffeln
die Katze, die Katzen
kaufen, er kauft
kennen, sie kennt
das Kind, die Kinder
die Klasse, die Klassen
das Kleid, die Kleider
klein
klettern, sie klettert
klug
kochen, es kocht
kommen, er kommt
können, sie kann
der Kopf, die Köpfe
der **Korb**, die Körbe
kosten, es kostet
krank
der **Kreis**, die Kreise
der Kuchen, die Kuchen
kühl
kurz

L l

lachen, sie lacht
das **Land**, die Länder
lang
langsam
sie **las**
lassen, sie lässt
laufen, er läuft
laut
leben, sie lebt
leer
legen, sie legt
der Lehrer, die Lehrer
die Lehrerin, die Lehrerinnen
leicht
leise
lernen, er lernt
lesen, sie liest
letzte
die Leute
das **Licht**, die Lichter
lieben, er liebt
das Lied, die Lieder
er **lief**
liegen, er liegt
er **ließ**
sie liest
links
das **Loch**, die Löcher
der Löffel, die Löffel
lösen, sie löst
die Luft, die Lüfte
lustig

M m

das Mädchen, die Mädchen
der Mai
manchmal
der Mann, die Männer
das **Märchen**, die Märchen

der **Markt**, die Märkte
der März
mehr
am **meisten**
meistens
melden, er meldet
die **Menge**, die Mengen
der **Mensch**, die Menschen
messen, sie misst
das Messer, die Messer
die Milch
die **Minute**, die Minuten
mir
sie **misst**
die Mitte
der Mittwoch, die Mittwoche
er möchte
der Monat, die Monate
der Montag, die Montage
das **Moos**, die Moose
morgen
müde
der Müll
müssen, sie muss
die Mutter, die Mütter

N n

nächste
die Nacht, die Nächte
der Name, die Namen
die Nase, die Nasen
nass
neben
nehmen, er nimmt
das **Nest**, die Nester
neu
neun
nicht
nichts
sie nimmt
der **Norden**
der November

O o

oben
das **Obst**
offen
öffnen, sie öffnet
ohne
das Ohr, die Ohren
der Oktober
der **Ort**, die Orte
der **Osten**

P p

paar
das Papier, die Papiere
passen, es passt
die Pause, die Pausen
das **Pferd**, die Pferde
die Pflanze, die Pflanzen
pflanzen, sie pflanzt
pflegen, er pflegt
pflücken, sie pflückt
die **Pfütze**, die Pfützen
der **Pilz**, die Pilze
der **Plan**, die Pläne
planen, er plant
der Platz, die Plätze
plötzlich
die Post
das **Programm**,
die Programme
prüfen, er prüft
der **Punkt**, die Punkte
pünktlich
die Puppe, die Puppen
putzen, sie putzt

Q q

der **Quark**
die **Quelle**, die Quellen
quer

R r

das **Rad**, die Räder
raten, er rät
der **Raum**, die Räume
rechnen, sie rechnet
rechts
das Regal, die Regale
der Regen
regnen, es regnet
reich
reif
die **Reihe**, die Reihen
die **Reise**, die Reisen
reisen, sie reist
reißen, er reißt
rennen, sie rennt
richtig
sie **rief**
der Ring, die Ringe
er **riss**
rot
der **Rücken**, die Rücken
rufen, sie ruft

S s

die **Sachen**
sagen, er sagt
der Salat, die Salate
das **Salz**, die Salze
sammeln, sie sammelt
der Samstag, die Samstage
er **sang**
satt
der Satz, die Sätze
sauber
scharf
scheinen, sie scheint
schenken, er schenkt
die Schere, die Scheren
schieben, sie schiebt
sie **schien**
das Schiff, die Schiffe
schlafen, er schläft
schlagen, sie schlägt
schlecht
sie **schlief**
schlimm
das **Schloss**, die Schlösser
schmal
schmecken, es schmeckt
schmücken, sie schmückt
der **Schmutz**
schmutzig
der Schnee
schneiden, er schneidet
schnell
er **schnitt**
schön
schreiben, er schreibt
schreien, sie schreit
sie **schrie**
er **schrieb**
der Schuh, die Schuhe
die Schule, die Schulen
die Schüssel, die Schüsseln
schwarz
die Schwester, die Schwestern
schwierig
schwimmen, sie schwimmt
sechs
der See, die Seen
sehen, sie sieht
sehr
seit
selbst
senden, er sendet
der September
sicher
sieben
sie sieht
sie sind
singen, er singt
sitzen, sie sitzt
der Sommer, die Sommer
die Sonne, die Sonnen
der Sonntag, die Sonntage
sparen, sie spart
spät
spenden, sie spendet
das Spiel, die Spiele
spielen, er spielt
der **Sport**
sprechen, sie spricht
springen, er springt
spritzen, er spritzt
die Stadt, die Städte
der **Stall**, die Ställe
der **Stamm**, die Stämme
er **stand**
stark
stehen, er steht
der Stein, die Steine
die **Stelle**, die Stellen
stellen, er stellt
sie **stieß**
still
stoßen, er stößt
die **Strafe**, die Strafen
strahlen, es strahlt
die Straße, die Straßen
der **Strauch**, die Sträucher
der **Streit**, die Streits
streiten, sie streitet
das **Stück**, die Stücke
die **Stunde**, die Stunden
stürzen, er stürzt
suchen, sie sucht
der **Süden**
die Suppe, die Suppen
süß

T t

die Tafel, die Tafeln
der Tag, die Tage
tanzen, er tanzt
die Tasche, die Taschen
die Tasse, die Tassen
tauchen, er taucht
tausend
der **Tee**
der Teller, die Teller
tief
das Tier, die Tiere

der Tisch, die Tische
der Topf, die Töpfe
die Torte, die Torten
tragen, sie trägt
treffen, er trifft,
treten, sie tritt
trinken, er trinkt
trocken
tropfen, es tropft
trüb
turnen, sie turnt
die Tüte, die Tüten

U u

üben, er übt
die **Übung**, die Übungen
die Uhr, die Uhren
uns
unser
unten
unter

V v

der Vater, die Väter
sie **vergaß**
vergessen, sie vergisst
der **Verkehr**
verlieren, er verliert
verraten, sie verrät
viel
viele
vier
der Vogel, die Vögel
das **Volk**, die Völker
voll
vom
von
vor
vorbei

W w

wachsen,
sie wächst
die **Wahl**, die Wahlen
wählen, sie wählt
der Wald, die Wälder
wandern, sie wandert
warm
warten, er wartet
waschen, sie wäscht
das Wasser
wecken, er weckt
der Weg, die Wege
wehen, es weht
weich
das Weihnachten
weinen, er weint
weiß
sie weiß
weit
welche
wenn
werden, sie wird
der **Westen**
das Wetter
die Wiese, die Wiesen
er will
der Wind, die Winde
der Winter, die Winter
sie wird
wischen, sie wischt
wissen, er weiß
die Woche, die Wochen
wohnen, sie wohnt
die **Wohnung**,
die Wohnungen
die Wolke, die Wolken
die **Wolle**
wollen, sie will
das Wort, die Wörter
wünschen, er wünscht
die **Wurzel**, die Wurzeln
er **wusste**

Z z

die **Zahl**, die Zahlen
zählen, sie zählt
der Zahn, die Zähne
zeichnen, sie zeichnet
zeigen, er zeigt
die Zeit, die Zeiten
ziehen, sie zieht
das **Zimmer**, die Zimmer
sie **zog**
der **Zucker**
zuerst
der **Zug**, die Züge
zuletzt
zum
zur
zurück
zusammen
zwei
zwischen

Kapitel	Sprechen und Zuhören	Lesen – mit Texten und Medien umgehen	Schreiben – Texte schreiben
Zusammen leben Seite 5–16 	gezielt mit anderen über ein Thema sprechen (7–10); eigene Meinung, Wünsche äußern und begünden (7–9); Gesprächsregeln/Regeln für das Zusammenleben wiederholen/aufstellen und beachten (7, 9); Konfliktsituationen beschreiben (8); Konfliktlösungsmöglichkeiten besprechen und erproben; Spielszenen im personalen Spiel entwickeln und gestalten (8, 9); gemeinsames Vorhaben planen (10, 11); über eigene Lernerfahrungen nachdenken und sprechen (16)	Arbeitsanweisungen lesen und verstehen (6–16); Sach- und Gebrauchstexte lesen und verstehen (9, 11, 16); Spielanleitungen lesen und verstehen (10)	sich selbst und ein anderes Kind in Text und Bild darstellen (6); eigene Schreibideen entwickeln (6); eigene Meinung un Wünsche notieren (7/8); Gesprächsregel Regeln für das Zusammenleben notieren (7, 9); Texte zu Szenen entwerfen (8); Streitlösungen notieren (9); Spielanleitur schreiben (10); Aufgabenplan schreiben (11); nach Vorgaben (Textanfang) Texte schreiben (16); über eigene Lernerfahrungen nachdenken und schreiben (16)
Wasser, Wind und Wärme Seite 17–26 	nach Vorgaben (Bildern) erzählen (18, 19); gezielt mit andern über ein Thema sprechen (20–22); nach Vorgaben (Bilder, Texte) ein Märchen erzählen, dabei den roten Faden als Erzählhilfe nutzen (23); über eigene Lernerfahrungen nachdenken und sprechen (26)	Gedicht lesen (17); Arbeitsanweisungen lesen und verstehen (18–26); eigene Texte vorlesen (19); Sachtext lesen und verstehen, Verständnisschwierigkeiten benennen, Fragen zum Text stellen und beantworten, in Text und Abbildung Informationen finden (20); Medien (Lexikon, Internet) zur Information nutzen (21); verwürfelten Text mit Hilfe von Fragen ordnen und verstehen (21); Rätseltext entschlüsseln (22)	Texte planen: Wörtersammlung anlegen Text schreiben (18/19); Texte vorlesen, besprechen (19); Lückentext ergänzen (20); mündlich konstruierte Geschichte gestaltend aufschreiben (21); Rätseltext abschreiben (22); mündlich fabulierte Fortsetzungen eines Märchens aufschre ben (23); verwürfelte Geschichte geordn aufschreiben (26); über eigene Lernerfa rungen nachdenken und schreiben (26)
Wie wir uns fühlen Seite 27–36 	durch Bilder und/oder Texte angeregt eigene Erlebnisse und Erfahrungen erzählen (28, 31, 32); gezielt mit anderen über ein Thema sprechen (28, 30, 33); zu Bildern eine Geschichte erzählen (32); über eigene Lernerfahrungen nachdenken und sprechen (36)	Arbeitsanweisungen lesen und verstehen (28–36); Verfahren zur ersten Orientierung über einen Text nutzen: Überfliegen, Schlüsselwörter suchen (30); geeignete Informationsquellen wählen; Medien zur Information gezielt nutzen (30); über einen Text nachdenken, dazu Stellung nehmen (31)	Sätze zu Bildern schreiben (28); Lücken text vollständig aufschreiben (29); Frag notieren (30); Schlüsselwörter aus Text notieren (30); Wörtersammlung anlegen und nutzen; eigene Erlebnisse aufschreiben (31); nach Bildanregung eige Texte schreiben; Schreibstrategie „Eine Gedanken ausbauen“ kennen lernen (3 adressatenbezogen schreiben (32); Tip formulieren; Bildinformationen nutzen (36); über eigene Lernerfahrungen nachdenken und schreiben (36)
Von Zeit zu Zeit Seite 37–46 	sich an Gesprächen beteiligen; gezielt über ein Thema sprechen; von eigenen Erfahrungen und Erlebnissen erzählen (38, 40); gezielte Fragen stellen und beantworten (39); Befragung durchführen (43); über eigene Lernerfahrungen nachdenken und sprechen (46)	Arbeitsanweisungen lesen und verstehen (38–46); Gedicht sinngestaltend lesen und vortragen; über ein Gedicht nachdenken/sprechen (38); diskontinuierlichen Text lesen, verstehen und Informationen entnehmen (39); Texten Informationen entnehmen (42)	Zeitgutscheine gestalten und verschen (38); nach Vorgaben Sätze/Texte schreiben; Wochenplan schreiben (39); Erinnerungsstücke als Schreibvorgabe verwenden; Texte präsentieren (40); verwürfelten Lebenslauf chronologisch schreiben; eigenen Lebenslauf zeitlich geordnet aufschreiben und gestalten (Fragen zum Text beantworten (42); Lückentexte vervollständigen (43, 46); Tagebuchtexte und Gespräche in der Zukunft fantasieren; Schreibhinweise nutzen (43); über eigene Lernerfahrun nachdenken und schreiben (46)
Reise zu nahen und fernen Orten Seite 47–56 	zu Bildern und Texten sprechen (49, 50, 52); Erkundungen zum eigenen Lebensraum einholen (50); über eigene Lernerfahrungen nachdenken und sprechen; eine Umfrage zu den Lernerfahrungen durchführen (56)	Arbeitsanweisungen lesen und verstehen (48–56); Texte mit regionalen und/oder historischen Bezügen lesen und verstehen (48, 50, 51, 52); Texten Informationen entnehmen, mit eigenen Worten wiedergeben, gezielt Fragen zu Texten stellen (48, 50); kontinuierlichen und diskontinuierlichen Text in Beziehung setzen (52); diskontinuierliche Texte lesen und verstehen (52, 56)	verwürfelte Sätze geordnet aufschreib (48, 49); Lückentext ergänzen (51); Fortsetzung einer Geschichte schreibe (51); Geschichte planen; Schreibstrate Wer/Was/Wann/Wo/Wie/Für wen kenn lernen und anwenden (52); Fragen for lieren; angeleitet durch Fragen Texte schreiben; Texte mit Bildern und Foto gestalten (53); verwürfelten Text ordn über eigene Lernerfahrungen nachder und schreiben (56)
Arbeit hat viele Gesichter Seite 57–66 	zu Fotos erzählen; Informationen entnehmen; gezielt mit andern über ein Thema sprechen (58, 60); eine eigene Meinung äußern und vertreten (58); Erkundungen über Dienstleistungen/Vereine im Ort einholen (58, 61); für ein Sprechziel geeignete sprachliche Mittel auswählen, im szenischen Spiel erproben (61); Interview vorbereiten, durchführen (62/63); über eigene Lernerfahrungen nachdenken und sprechen (66)	Arbeitsanweisungen lesen und verstehen (58–66); Informationen aus Texten/Bildern/Interviewantworten gezielt entnehmen (58, 60, 63); geeignete Informationsquellen wählen; sich zielgerichtet Informationen beschaffen (58)	Lückentexte vervollständigen (59); Fo als Schreibvorgabe verwenden; Sach schreiben (60); Schreibwerkstatt: Tipp einen Sachtext (61); nach Vorgaben E an Experten verfassen; Interviewfrage notieren (62); Wandzeitung gestalten veröffentlichen (62/63); Sachtext über arbeiten; über eigene Lernerfahrunge nachdenken und schreiben (66)

Schreiben – Rechtschreiben	Sprache und Sprachgebrauch untersuchen
Großschreibung am Satzanfang/Satzschlusszeichen beachten (10); Großschreibung von Nomen; Mehrzahlformen mit Umlaut üben (11, 16) **Rechtschreibkurs:** Übungstext lesend erforschen (12); über schwierige Wörter nachdenken; Stolperstellen in Wörtern erkennen und markieren; Signalgruppen erkennen; Analogien bilden (13); Abschreibstrategie wiederholen und anwenden (14); in Geheimschrift (Strichcode) Übungswörter entschlüsseln; Wörter mit amm; verwandte Wörter erkennen und ordnen/ Wortstamm und Wortfamilie/Umlautung; einfache Sätze nach Mustern schreiben; Großschreibung von Nomen und am Satzanfang; Nomen mit Artikel in Einzahl und Mehrzahl (15)	Wortart Nomen wiederholen: Großschreibung, Artikel, Einzahl/Mehrzahl (11, 16); vorbewusst mit Subjekt und Prädikat umgehen (11)
Adjektive/Verben in Sätzen/Texten flektiert gebrauchen (18, 19, 20, 21, 22, 26); Adjektive mit -ig und -lich schreiben (22, 26) **Rechtschreibkurs:** Übungstext lesend erforschen; über schwierige Wörter nachdenken; Stolperstellen in Wörtern erkennen und markieren; Signalgruppen erkennen; Analogien bilden; Übungstext abschreiben; Übungswörter trainieren; Abschreiben, Partner-, Dosendiktat; Silben zusammensetzen/Silbenbögen zeichnen; Sätze bilden/erweitern; Schleichdiktat (24); lange und kurze Selbstlaute; Adjektive mit Auslautverhärtung; Rechtschreibstrategie Wortverlängerung; Adjektive mit -ig und -lich; Wortgruppen mit Adjektiven; Sätze nach Mustern bilden; Satzteile zusammensetzen; Text ordnen (25)	Wortart Adjektiv wiederholen; Adjektive als Begleiter von Nomen in flektierter Form üben, treffende Adjektive gebrauchen (20); Ableitungen mit -ig/-lich kennen lernen (22, 26); Gegensatzpaare von Adjektiven (22)
Stammprinzip bei Verben wiederholen (28); Verben in der Grundform und flektiert gebrauchen (28, 29, 31, 32, 33, 36); Umlaut bei ausgewählten Personalformen (28); Wörter mit ng, nk (31, 36); Großschreibung von Komposita (31, 36) **Rechtschreibkurs:** Übungstext lesend erforschen; über schwierige Wörter nachdenken; Stolperstellen in Wörtern erkennen und markieren; Signalgruppen erkennen; Analogien bilden; Übungstext abschreiben; Übungswörter trainieren; Abschreiben, Partner-, Dosen-, Schleichdiktat; Übungswörter nach Wortarten ordnen; mit der Wörterliste arbeiten; Reimwörter finden; Verben mit dem Verbschieber bilden; Verben erkennen (34); Wortstamm und Wortfamilie; Sätze ordnen; Großschreibung am Satzanfang; Satzschlusszeichen Punkt; Sätze nach Muster bilden; Verben im Lückentext ergänzen; Fehlertext korrigieren (35)	Wortart Verb wiederholen; mit Verben umgehen: Verben in Sätzen/Texten gebrauchen (28, 29, 33); Verben mit Wechsel a–ä (28); Grundform/Personalformen kennen lernen (28, 29); Pronomen kennen lernen (29); Pronomen und Personalformen würfeln (29); Wiederholung der Wortarten; verwürfelte Komposita ordnen (31); versteckte Verben (36)
Wörter mit doppeltem Mitlaut (39); Zeitformen des Verbs in Sätzen und Texten verwenden (42/43, 46) **Rechtschreibkurs:** Übungstext lesend erforschen; über schwierige Wörter nachdenken; Stolperstellen in Wörtern erkennen und markieren; Signalgruppen erkennen; Analogien bilden; Übungstext abschreiben; Übungswörter trainieren; Abschreiben, Partner-, Dosen-, Schleichdiktat; in Geheimschrift (Strichcode) Übungswörter entschlüsseln; Wörter nach dem Alphabet ordnen; lange und kurze Selbstlaute; Nomen erkennen (44); Sätze/Text mit Übungswörtern schreiben; schwierige Vergangenheitsformen auf die Grundform zurückführen; Vergangenheitsformen in Sätzen verwenden; Sätze nach Mustern bilden; Großschreibung von Nomen und am Satzanfang; Satzschlusszeichen Punkt (45)	Zeitformen des Verbs kennen lernen; Gegenwarts- und Vergangenheitsformen in Texten verwenden (42/43, 46)
angen/kurzen i-Laut abhören; ie als Regelschreibung für langen i-Laut erfahren (50, 56); Zeitformen des Verbs in Sinnzusammenhängen üben; schwierige Vergangenheitsformen auf die Grundform zurückführen und schreiben; Arbeit mit der Wörterliste (51) **Rechtschreibkurs:** Übungstext lesend erforschen; über schwierige Wörter nachdenken; Stolperstellen in Wörtern erkennen und markieren; Signalgruppen erkennen; Analogien bilden; Übungstext abschreiben; Übungswörter trainieren; Abschreiben, Partner-, Dosen-, Schleichdiktat; Wörter mit ett; Fragen zum Text beantworten (54); Verben im Lückentext ergänzen; Vergangenheitsform gebrauchen; Wörter mit ie; Arbeit mit der Wörterliste: Wörter mit langem i; Großschreibung am Satzanfang und von Nomen; Satzschlusszeichen; Lese-/Schreibstraße (55)	verwürfelte Satzglieder zu sinnvollen Sätzen ordnen; Sätze umstellen und erfahren, was Satzglieder sind (48/49, 56); mit dem Satzfächer üben; Sätze erweitern/umstellen/ neue Sätze bilden (49); schwierige Vergangenheitsformen bilden (51); Herkunft und Bedeutung von Wörtern erkunden; sich in fremden Sprachen orientieren (51)
Verben in Sätzen flektiert verwenden; Verben mit Wortbausteinen verwenden (59); Wörter mit Dehnungs-h (59, 66); Großschreibung von höflichen Anredepronomen anwenden (62); Wörter mit Vor/vor (66) **Rechtschreibkurs:** Übungstext lesend erforschen; über schwierige Wörter nachdenken; Stolperstellen in Wörtern erkennen und markieren; Signalgruppen erkennen; Analogien bilden; Übungstext abschreiben; Übungswörter trainieren; Abschreiben, Partner-, Dosen-, Schleichdiktat; Wörter mit Dehnungs-h; Wortstamm und Wortfamilie; Wörter mit Ver/ver, Vor/vor; Sätze bilden (64); Übungen zum Verb: Bedeutungsveränderungen durch Wortbausteine, Vergangenheitsformen; Wortfamilie/Wortstamm (65)	Verben in Sätzen flektiert verwenden; Bedeutungsveränderung durch Wortbausteine erfahren; vorbewusst mit Subjekt und Prädikat umgehen (59); Zusammenhänge zwischen Äußerungsabsicht und -form erkennen (61)

Kapitel	Sprechen und Zuhören	Lesen – mit Texten und Medien umgehen	Schreiben – Texte schreiben
Natur erleben und entdecken Seite 67–76 	von Beobachtungen und Erlebnissen im Wald erzählen; situationsangemessen berichten (70); gezielt mit anderen über ein Thema sprechen (72); über eigene Lernerfahrungen nachdenken und sprechen (76)	Arbeitsanweisungen lesen und verstehen (68–76); Lesestrategie: Vorwissen zum Textverstehen nutzen; Vorstellungen zu einem Text entwickeln; Text gezielt lesen/Informationen entnehmen (68); literarische Form Legende kennen lernen; Verständnisschwierigkeiten klären (69); Texten und Bildern Informationen entnehmen (72)	Stichwörter aus einem Text herausschreiben (68); zu Stichwörtern einen Text schreiben/Planungshilfen nutzen (68, 76); Falschaussagen in einem Text berichtigen; mit einem Bild eine Geschichte erzählen; Bilder und Texte präsentieren (69); Stichwörter notieren (70); nach Vorgaben verschiedene Texte schreiben: Elfchen, Waldregeln (71, 72); Text prüfen, gestalten und veröffentliche (71); über eigene Lernerfahrungen nachdenken und schreiben (76)
Von kleinen, großen und frechen Tieren Seite 77–86 	von Tieren erzählen oder berichten (78, 80); gezielt nachfragen; Verstehen und Nichtverstehen äußern (80); Plakat präsentieren/Vortrag üben (79); Spielszenen im medialen und personalen Spiel entwickeln; stimmliche Ausdrucksmittel erproben (82); Ende einer Geschichte erzählen (83); über eigene Lernerfahrungen nachdenken und sprechen (86)	Arbeitsanweisungen lesen und verstehen (78–86); Texten Informationen entnehmen (78); geeignete Informationsquellen wählen; verschiedene Medien zur Information nutzen (78–80); gezielt Informationen finden (79); Streitszene lesen und betont vortragen (82); Fabeln als literarische Gattung kennen lernen (83)	Informationen in Stichwörtern festhalten (78, 79); Fragen notieren (79); Informationen auf einem Plakat anschaulich darstellen (79); über Tiererlebnisse schreiben (80); Lückentext vervollständigen (81); mündlich fabulierte Fabelszenen notieren; Wortfeldarbeit (82); zu Bildern schreiben; Schlusssatz einer Fabel formulieren (83); verwürfelte Text ordnen; über eigene Lernerfahrungen nachdenken und schreiben (86)
Ab heute essen wir anders? Seite 87–96 	zu Texten und Bildern erzählen; von eigenen Erfahrungen berichten (88, 90); über ein Thema gezielt sprechen (88, 89, 90); Doppelkreismethode kennen lernen und anwenden (91); über eigene Lernerfahrungen nachdenken und sprechen (96)	Arbeitsanweisungen lesen und verstehen (88–96); über Texte und Bilder nachdenken, dazu Stellung nehmen (88); Schlagzeilen als Informationsträger verstehen (89); Rezept lesen und verstehen (89); Sachtexte lesen und verstehen; gezielt Informationen entnehmen (90); eigene Texte vortragen, Vortrag zuvor üben (93)	nach Mustern eigene Texte schreiben (90); Text im Hinblick auf Pronomen unt suchen/überarbeiten (89); Ideensammlu zu einer Geschichte anlegen (92); Schr strategie: Geschichtenaufbau (Einleitun Hauptteil, Schluss, Überschrift) kennen lernen und anwenden; roten Faden als Ideenstrang kennen lernen und nutzen (93); über eigene Lernerfahrungen nachdenken und schreiben; Falschaussagen in einem Text berichtigen (96
Zeit mit Medien Seite 97–106 	eine Befragung planen und durchführen (98); gezielt über ein Thema sprechen; eigene Meinung äußern; zu anderen Meinungen Stellung nehmen; Streitgespräch ausdenken und in Spielszenen umsetzen (99); über Texte sprechen; Geschichtenrat (101); Projekt: Bilderbuch-Kino durchführen (102/103); über eigene Lernerfahrungen nachdenken und sprechen (106)	Arbeitsanweisungen lesen und verstehen (98–106); Diagramm lesen und verstehen/Informationen entnehmen (98); Projekt: Bilderbuch-Kino durchführen; Anleitung lesen und verstehen (102/103)	Ergebnisse einer Befragung darstellen (Sachtext/Stichwörter/Diagramm) (98); Meinungsäußerungen nach Pro und Kontra ordnen (99); Abenteuergeschich nach Textvorgaben weiterschreiben; Schluss finden (100); Überarbeitungsh „Textlupe“ kennen und anwenden lern (100/101, 106); Geschichtenrat; Schrei hilfen in eigene Texte integrieren (101) Einladung schreiben und gestalten (10 nach Vorgaben eine Szene schreiben; nach Vorgaben (Textanfang) einen Te schreiben; über eigene Lernerfahrunge nachdenken und schreiben (106)
Staunen, entdecken und erfinden Seite 107–116 	Text mit eigenen Worten zusammenfassen (108, 110); gezielt über ein Thema sprechen (108, 109); zu Bildern erzählen (112, 113); über eigene Lernerfahrungen nachdenken und sprechen (116)	Arbeitsanweisungen lesen und verstehen (108–116); Texte lesen und verstehen/unbekannte Wörter klären (108, 110, 111); diskontinuierliche Texte lesen und verstehen (109, 110); Medien nutzen; zielgerichtet und strukturiert Informationen beschaffen (111); Bildern und Texten Informationen entnehmen (112); Informationen in Texten finden (116)	verwürfelten Text ordnen (108); Fachwörter in einem Lückentext richtig verwenden (109); Chat-Regeln schreib (109); nach Stichwörtern einen Text schreiben (110); zu Bildern Gedanken und Geschichten schreiben, Überschri finden (110, 112, 113), Schluss finden (113); über eigene Lernerfahrungen nachdenken und schreiben (116)
Herbst Seite 117 Winter Seite 121 Frühling Seite 125 Sommer Seite 129	vielfältige Anregungen zum Basteln, Schreiben, Gestalten und Spielen		

Schreiben – Rechtschreiben	Sprache und Sprachgebrauch untersuchen
Wörter mit aa, ee, oo (70); Sätze bilden/Satzschlusszeichen setzen (72, 73) **Rechtschreibkurs:** Übungstext lesend erforschen; über schwierige Wörter nachdenken; Stolperstellen in Wörtern erkennen und markieren; Signalgruppen erkennen; Analogien bilden; Übungstext abschreiben; Übungswörter trainieren; Abschreiben, Partner-, Dosen-, Schleichdiktat; Wörter nach dem Alphabet ordnen; Reimwörter finden; Sätze nach Mustern bilden (74); Sätze bilden/erweitern; Subjekt und Prädikat; Text mit Übungswörtern abschreiben; Großschreibung von Nomen und am Satzanfang (75)	Imperativformen verwenden (72); Subjekt/Prädikat kennen lernen (73, 76); aus Satzgliedern Sätze bilden (73)
Auslautverhärtung bei Adjektiven; Rechtschreibstrategie: Wortverlängerung durch die 1. Vergleichsstufe erproben (81); Zeichensetzung bei wörtlicher Rede kennen lernen/in Texten anwenden (82, 83) **Rechtschreibkurs:** Übungstext lesend erforschen; über schwierige Wörter nachdenken; Stolperstellen in Wörtern erkennen und markieren; Signalgruppen erkennen; Analogien bilden; Übungstext abschreiben; Übungswörter trainieren; Abschreiben, Partner-, Dosen-, Schleichdiktat; in Geheimschriften (Strichcode) Übungswörter entschlüsseln; Silben ergänzen; Fragen zum Text beantworten; treffende Adjektive finden (84); Zeichensetzung bei wörtlicher Rede; Vergleichsstufen des Adjektivs; Adjektive erkennen (85)	Funktion und Bildung der Vergleichsstufen von Adjektiven kennen lernen; Vergleichsstufen in Sinnzusammenhängen üben (81); im Zusammenhang mit Texteschreiben wörtliche Rede und Begleitsatz (vorangestellt) kennen lernen; nach Vorgaben Texte mit wörtlicher Rede schreiben; „Wortfeld sagen" (82, 83, 86); stimmliche Ausdrucksmittel im Rollenspiel erproben (82)
Wörter mit ck, tz (88, 96) **Rechtschreibkurs:** Übungstext lesend erforschen; über schwierige Wörter nachdenken; Stolperstellen in Wörtern erkennen und markieren; Signalgruppen erkennen; Analogien bilden; Übungstext abschreiben; Übungswörter trainieren; Abschreiben, Partner-, Dosen-, Schleichdiktat; Übungswörter nach dem Alphabet ordnen; Wörter mit ück und itz; Silben zusammensetzen/Silbenbögen zeichnen; Nomen entflechten; Sätze bilden (94); Wörter mit Mitlauthäufung; Pronomen durch Nomen ersetzen; verwürfelte Sätze ordnen; Großschreibung am Satzanfang und von Nomen, Satzschlusszeichen; Verben im Lückentext ergänzen, Vergangenheitsformen beachten (95)	Pronomen im Zusammenhang mit Texteschreiben anwenden (89); sich in fremden Sprachen orientieren (89, 90); Vergangenheitsform im Zusammenhang mit Texteschreiben (92/93)
eigene Texte kontrollieren und korrigieren (100); Zeichensetzung bei wörtlicher Rede (106) **Rechtschreibkurs:** Übungstext lesend erforschen; über schwierige Wörter nachdenken; Stolperstellen in Wörtern erkennen und markieren; Signalgruppen erkennen; Analogien bilden; Übungswörter trainieren; Abschreiben, Partner-, Dosen-, Schleichdiktat; Wörter mit all; zusammengesetzte Nomen; Sätze bilden (104); Adjektive mit Auslautverhärtung, -ig und -lich; Wortfamilien; Sätze nach Mustern bilden; Fehlertext korrigieren; Wörter mit Auslautverhärtung (105)	Zeitform in Texten beachten; sprachliche Mittel bewusst erkennen und anwenden (100/101, 106)
Großschreibung am Satzanfang; Satzschlusszeichen (109); Wörter mit ß (110, 116) **Rechtschreibkurs:** Übungstext lesend erforschen; über schwierige Wörter nachdenken; Stolperstellen in Wörtern erkennen und markieren; Signalgruppen erkennen; Analogien bilden; Übungstext abschreiben; Übungswörter trainieren; Abschreiben, Partner-, Dosen-, Schleichdiktat; Silben zu Übungswörtern zusammensetzen/Silbenbögen zeichnen; Sätze aus Satzgliedern bilden; Subjekt und Prädikat (114); Sätze/Text mit Übungswörtern schreiben; Wörter mit ß; Arbeit mit der Wörterliste; Sätze würfeln und schreiben; Selbstlaute in einem Text ergänzen (115)	Medienbegriffe, Fachwörter aus anderen Sprachen verwenden; Aufforderungssätze schreiben; Imperativformen verwenden (109); Geheimschrift entschlüsseln (111); Wiederholung Subjekt/Prädikat; Wiederholung Zeitformen des Verbs (113)

LolliPop
Sprachbuch 3

Herausgegeben von

Gisela Dorst

Erarbeitet von

Christine Berthold
Gisela Dorst
Erika Götz
Hartmut Kulick
Britta Sauerwein
und der Cornelsen Redaktion Primarstufe

Unter Einbeziehung der Ausgabe von

Gisela Dorst, Hartmut Kulick, Ursula Neidhardt,
Klaus Ohnacker, Manfred Pollert, Gabriela Schlesiger

Redaktion: Friederike Thomas, Cornelia Ostberg
Bildrecherche: Peter Hartmann
Illustration: Catharina Westphal, Gabriele Heinisch (Rechtschreibkurs-Seiten, LolliPop-Seiten), Daniel Napp (Jahreszeitenkapitel), Silvio Neuendorf (Lolli und Pop), Silke Voigt (Kapitel- und Aufgabenvignetten)
Umschlaggestaltung: tritopp, Silvio Neuendorf
Layoutkonzept und technische Umsetzung: tritopp

www.cornelsen.de

1. Auflage, 7. Druck 2013

Alle Drucke dieser Auflage sind inhaltlich unverändert und können im Unterricht nebeneinander verwendet werden.

Druck: Stürtz GmbH, Würzburg

ISBN 978-3-06-081117-5

Inhalt gedruckt auf säurefreiem Papier aus nachhaltiger Forstwirtschaft.

Textquellen
S. 17 Voker Braun: Der Regen. Aus: Im Querschnitt. Halle, Leipzig: Mitteldeutscher Verlag 1978. S. 23 Nach: Lisa Tetzner: Märchen für den 20. März. Aus: Lisa Tetzner (Hrsg.): Die schönsten Märchen der Welt für 365 und einen Tag. Band 1. Frankfurt/Main: Büchergilde Gutenberg 1979. S. 38 Gerald Jatzek: Die Zeit. Aus: Hans-Joachim Gelberg (Hrsg.), Frantz Wittkamp: Was für ein Glück. 9. Jahrbuch der Kinderliteratur. Weinheim/Basel: Beltz Verlag 1993. S. 68 Nach: www.wasistwas.de, Natur & Tiere, Folge 20: Bäume. S. 90 Nach: Houda aus Marokko und Guo Shuang aus China. Aus: Barnabas und Anabel Kindersley: Kinder aus aller Welt. Übersetzt von Anne Braun. Bindlach: Loewe Verlag 1995. S. 106 Nach: Boie, Kirsten: Der Maskenmann. Aus: Boie, Kirsten: King-Kong, das Krimischwein. Hamburg: Friedrich Oetinger Verlag 1998. S. 119 Robert Louis Stevenson: Herbstfeuer. Aus: Im Versgarten. Übersetzt von James Krüss. Ravensburg: Ravensburger Buchverlag Otto Maier 1960. S. 123 Brigitte Wächter: Fastnacht der Tiere. Aus: Mücke 2/93. Wiesbaden: Universum Verlag. S. 124 Wolfgang Stumme (Musik)/Karola Wilke (Text): Rumsdideldumsdidel Dudelsack. Wolfenbüttel: Möseler Verlag. S. 127 Max Kruse: Wirrle knirrle knarrlefax. Aus: Inge Lustig/Ruth Ruzicka (Hrsg.): Die bunte Kinderschaukel. Wien/München: Anette Betz Verlag 1978. S. 131 Die vier Kinder der Erde (gekürzt). Aus: Jozef Wilkon, Jacques Cassabois: Die vier Kinder der Erde. Düsseldorf: Patmos Verlag 1992. 's fliegt e firis Männel 'rum (Volksgut). Aus: Hans Domenego/Hilde Leiter (Hrsg.): Das Buch vom Sommer. Wien: Verlag Jugend und Volk 1985. Leuchtkäferlied. Aus: Käthe Recheis/Georg Bydlinski (Hrsg. und Übersetzer): Weißt du, dass die Bäume reden. Weisheit der Indianer. Wien/Freiburg/Basel: Verlag Herder & Co 1983. S. 132 James Krüss: Das Feuer. Aus: Der wohltemperierte Leierkasten. Gütersloh: Verlag S. Mohn 1961.
Es ist uns trotz intensiver Bemühungen bis Drucklegung leider nicht gelungen, alle Rechteinhaber zu ermitteln. Wir bitten in diesen Fällen darum, sich an den Verlag zu wenden.

Bildquellen
S. 10 LOOK-foto/Dürichen. S. 17 vario images, Bonn. S. 22 K. G. Vock/OKAPIA, Berlin (oben links); Cyril Ruoso/OKAPIA, Berlin (Mitte links); Cornelsen Verlagsarchiv (unten links, oben rechts); Manfred Ruckszio/OKAPIA, Berlin (Mitte rechts); vario-press/bonn-sequenz (unten rechts). S. 30 Uwe Noelke, Bad Homburg/MENSCHENfotografie. S. 40 Cornelsen Verlagsarchiv. S. 42 Rutz/Mauritius Bildagentur (oben links); Carl Cüppers/Schulmuseum Bergisch Gladbach (Mitte rechts); Konrad Ziegler, Sonnewalde/Cornelsen Verlag, Berlin (oben rechts). S. 47 Wolfgang Kost/Dieter Seidel/Cornelsen Verlag, Berlin. S. 48 Cornelsen Verlagsarchiv. S. 49 Hartmut Kulick, Hildesheim. S. 50 Dietmar Kunitz, Nordstemmen. S. 53 plainpicture, Hamburg/Kuttig. S. 58 Deutsche Post AG/Pressebild (links); picture-alliance/dpa/Martin Rickett (Mitte); Peter Wirtz, Dormagen (rechts oben); Schutzgemeinschaft Deutscher Wald e. V. Landesverband Hamburg – mit freundlicher Genehmigung (rechts Mitte oben); Keystone, Hamburg/digitalma/Rudolf (rechts Mitte unten); Stefan Wagner, Berlin (rechts unten). S. 60 Arbeiter-Samariter-Bund Deutschland e. V., Köln. S. 62 Peter Wirtz, Dormagen. S. 63 Peter Wirtz, Dormagen. S. 67 Corel Library/Cornelsen Verlag, Berlin (oben, Mitte rechts, unten rechts); Reinhard Tierfoto, Heiligkreuzsteinach (Mitte links, unten links). S. 70 picture-alliance/OKAPIA/Hans Reinhard (oben links); Horst Hooge, Altes Forsthaus Niedeck (oben Mitte); Günter Rieger, Karve (oben rechts); plainpictures/KuS (unten links); Harald Lange NaturBild, Bad Lausick (unten Mitte); Rainer J. Fischer, Berlin (unten rechts). S. 78 www.hamsterkiste.de (links); Juniors Tierbildarchiv, Ruhpolding (oben rechts). S. 80 OKAPIA, Frankfurt am Main/Ingo Arndt. S. 87 Twan de Vos, Wageningen (NL): Spaghetti eters. S. 88 artvertise, Gütersloh. S. 90 photothek.net/Liesa Johannssen (oben); Bildmaschine.de/Michaela Begsteiger (Mitte). S. 102/103 Paul Maar, Nikolaus Heidelbach: Der Aufzug. Weinheim/Basel: Beltz & Gelberg 2002. Cover und Illustrationen von Nikolaus Heidelbach. Christine Berthold, Edertal-Giflitz. S. 108 Deutsches Museum München. S. 110 akg-images, Berlin (oben); Artothek, Weilheim/VG Bild-Kunst, Bonn 2007/Gabriele Münter: Kind im roten Kleid mit Puppe (unten). S. 111 Cornelsen Verlagsarchiv. S. 123 Hans Jürgen Press: Schabernack. Aus: Jakobs Abenteuer. Comics vom kleinen Herrn Jakob. Ravensburg: Otto Maier Verlag 1992.